Jürgen Jagelki

Der zweite Atem

Gedanken zum Innehalten
und Kraftschöpfen

Jürgen Jagelki

Der zweite Atem

Gedanken zum Innehalten
und Kraftschöpfen

echter

Bibliografische Information der Deutschen Nationalbibliothek

Die Deutsche Nationalbibliothek verzeichnet diese Publikation in der Deutschen Nationalbibliografie; detaillierte bibliografische Daten sind im Internet über ‹http://dnb.d-nb.de› abrufbar.

1. Auflage 2018
© 2018 Echter Verlag GmbH, Würzburg
www.echter.de

Umschlag: Büro 71A, Würzburg (Foto: shutterstock)
Satz: Hain-Team (www.hain-team.de)
Druck und Bindung: CPI books – Clausen & Bosse, Leck

ISBN
978-3-429-04444-2

Inhalt

Vorwort

„Wer ein schönes Bild hat, zu dem kommen viele Menschen", sagt ein chinesisches Sprichwort.

Was macht Bilder so anziehend? Sie haben ihre eigene Sprache, an der Augen und Phantasie ihre Freude haben. Ein schönes Bild hält uns fest, nimmt uns mit auf Entdeckungen, die hinter dem Bild stecken.

So sind die meisten der hier angebotenen Texte entstanden. Bilder des Lebens machten aufmerksam. Sie wollten nicht nur oberflächlich geschaut werden, sondern ließen auf die Suche gehen nach Zeichen der Vielfalt des Lebens hinter dem Bild. Was am Anfang stand, wurde so beim Innehalten und beim zweiten Hinschauen vertieft oder auch in ein etwas anderes Licht gerückt. Da ist dann auch mal vom angenehmen Stress die Rede oder dass wir auch mal zur Last fallen dürfen. Und dass Gott sehr wohl antwortet, aber er tut es in uns. Oder wie macht man das, gegen den Strom zu schwimmen? Und an welchen Werten will man sich ausrichten? Und wird man selig, wenn man alles glaubt? Was meint die Wissenschaft, wenn sie sagt: Die Welt ist blind geboren? Und was soll der Rat: Wenn du glücklich sein willst, lass dir nichts schenken? Und wie sieht man etwas, was noch keiner gesehen hat?

Wenn „Der zweite Atem" zum Titel geworden ist, kann das der rote Faden sein, der sich durch alle Texte zieht. Beim Innehalten zeigt sich, dass immer noch ein bisschen mehr dahinter- oder darinsteckt. Und manches fühlt sich an wie ein Geschenk, das man auspacken muss.

Als Reisen noch bilden sollte

„Wenn mein Sohn von Frankfurt nach Mainz reist, so bringt er mehr Kenntnis heim als andere aus Amerika." Ich weiß nicht, ob Mutter Goethe vor gut zweihundert Jahren viele Leute getroffen hat, die von einer Reise nach Amerika erzählen konnten. Es war wohl ein bisschen mütterlicher Stolz, wenn sie so von der Begabung ihres Sohnes sprach, aus einer Reise von Frankfurt nach Mainz eine erlebnisreiche Welt zu zaubern. Ihr Sohn Johann Wolfgang hatte wohl von seiner phantasievollen Mutter die Begabung geerbt, mit offenen Augen durch die Welt zu gehen. Dazu kam seine unvergleichliche Begabung, das Geschaute in Worte zu fassen. Vielleicht hat er diese Kraft manchmal auch als Versuchung erlebt, nämlich mit Wortgewalt etwas zu erschaffen, ohne dafür auf Reisen zu gehen, was ja immerhin mit einigen Mühen verbunden war. Seinem Freund Schiller gegenüber gesteht er, seine Natur neige dazu, sich festzusetzen. Aber um wichtige Dinge festzuhalten, sei eine Reise unschätzbar, „sie berichtigt, belehrt und bildet".

Bei den damaligen Strapazen einer Reise musste also immer etwas Handfestes herausspringen, zumindest Bildung. So zum reinen Vergnügen oder zum Tapetenwechsel war man nicht unterwegs. Und „um zu begreifen, dass der Himmel überall blau ist, braucht man nicht um die Welt zu reisen", heißt es in Wilhelm Meisters Wanderjahren. Wer nicht zur Bildung reiste, war unterwegs auf Handelsreisen, auf Forschungs- oder Eroberungsreisen, auf Kreuzzug oder Pilgerfahrt und immer wieder auch auf Kriegspfaden. Die Gewinne und Erkenntnisse, die man mitbrachte, konnten sehr unterschiedlich sein. Wahrscheinlich hat Goethe mit leichter Selbstironie festgehalten, wie sich bei ihm nach einer Italienreise eine bestimmte Begeisterung auswirkte: „Ich brachte aus Italien den Begriff der schönen Treppen zurück, und ich habe durchaus offenbar mein Haus verdorben, indem dadurch die Zimmer alle kleiner ausgefallen sind, als sie hätten sollen."

Natürlich kamen immer wieder auch Leute von Reisen zurück, die mehr erzählten, als sie wirklich gesehen hatten. Wahrscheinlich hat sich in der Zeit der großen Entdeckungsreisen der Spanier das Sprichwort herausgebildet: „Wer große Reisen unternimmt, bringt große Lügen heim." Es kann allerdings auch sein, dass manches so unglaublich klang, dass man es für gelogen hielt. Das glauben ja heute immer noch Leute von der Landung auf dem Mond. Vielleicht würde sich mancher leichter tun, wenn es so etwas wie ein Interview mit dem Mann im Mond gegeben hätte. Zu einer richtigen Reise gehört ja immer die Begegnung, der Kontakt mit fremden Menschen. In Russland bezeichnet man den Reisenden nicht nur als Fremden, sondern gleichbedeutend auch als „Stotterer". Vielen kann die Sprache zum Reisehindernis werden, wenn sie über wenige Worte nicht hinauskommen. Aber es gibt Reisende, die können mit ihrem Charme auch diese Hürde gut bewältigen. Sie bringen – wie Theodor Fontane sagt – „Liebe zu Land und Leuten mit, mindestens keine Voreingenommenheit". Der Schriftsteller John Steinbeck, der mit seinem Hund Charly durch die Staaten von Amerika gereist ist, meinte, es sollte an den Schulen das Fach Reisekunde geben. Das Verständnis für fremde Leute will gelernt sein. Bei Leuten, die chronisch reisen, äußert Kurt Tucholsky allerdings den Verdacht, dass sie nur ausziehen, um zu sehen, ob auch noch alles da ist.

Beten ist Reden mit dem Freund

Vom englischen Atheisten Richard Dawkins ist bekannt, dass er aller Welt verkündet: Gott gibt es nicht. Und eines seiner Argumente ist: Alles Beten in der Welt hat nichts verändert. Bei solchen Argumenten muss man natürlich passen. Wollte man das Gegenteil sagen, müsste man es wissenschaftlich beweisen können, denn nur solche Beweise sind bei einem Atheisten zulässig. Ob sie auf ihn Eindruck machen würden, ist noch mal eine andere Frage.

Ich denke, es gibt in unserem Leben Wirklichkeiten, an die komme ich mit einfachen Beweisen nicht heran. Dazu gehört für mich auch das Beten. Und wer über das Beten etwas sagen will, kann das glaubwürdig nur tun, wenn er selber betet. Beten ist der Schlüssel für eine Welt, in die man wohl kaum mit wissenschaftlichen Argumenten gelangt. Jemand hat gemeint: Wenn ein Mensch betet, legt er die Hand an die Wolke, hinter der Gottes Geheimnis wohnt. Das ist etwas sehr Persönliches. Da weiß nur der Mensch selber, was Gott ihm sagt. Und dieses Sprechen mit Gott scheint den Menschen zu verändern. In der Zeit des real existierenden Sozialismus war eine Gruppe von Studenten vor ein Gefängnis gezogen. Sie wollten für ihren inhaftierten Professor beten, natürlich ganz unauffällig. Ein Aufseher meinte: Hier wird nicht gebetet. Ich sehe es doch an euren Gesichtern, dass ihr betet.

Es scheint so, dass man es dem Menschen ansehen kann, wenn er mit Gott spricht – und das scheint auch andere Menschen zu beeindrucken. Von den Jüngern Jesu ist bekannt, dass sie wissen wollten, wie das mit dem Beten geht. Sie hatten Jesus dabei erlebt und waren fasziniert. Sie hatten nicht den Eindruck, dass Jesus sich da mit langen Texten abquälte. Für ihn war Beten ein wunderbares Gespräch mit dem Vater. Teresa von Avila hat das später aus ihrer Erfahrung so ausgedrückt: Beten ist „nichts anderes als Verweilen bei einem Freund, mit dem wir oft allein zusammenkommen, einfach um bei ihm zu sein, weil wir sicher wissen, dass er uns liebt". Von der heiligen Teresa wissen wir aber auch, dass sie auf dem Weg zum Beten durch Verwirrung und Enttäuschung gegangen ist, aber sie ist nicht weggelaufen, sondern hat ihre Not und Klage vor Gott ausgebreitet, wie wir es oft auch in den Psalmen finden, in denen Menschen ziemlich ruppig und schonungslos mit Gott reden.

Von seiner Erfahrung mit dem Beten hat auch der jüdische Schriftsteller Elie Wiesel erzählt, als er zwölf Jahre alt und tiefgläubig war. Als er beim Beten in der Synagoge weinte, fragte ihn der Küster Mosche nach dem Grund. Der Junge konnte es nicht sagen. Die beiden kamen ins Gespräch und der Küster meinte, beim Beten haben wir Fragen an Gott und Fragen haben eine eigene Kraft. Gott antwortet, aber meist verstehen wir ihn nicht oder wir vergessen, dass Gott in uns selbst antworten will. Als der Junge den Küster fragte, warum er denn betet, meinte der: „Ich bete zu Gott, der in mir ist, dass er mir die Kraft gebe, ihm wahre Fragen zu stellen."

Christus ist unter uns, urjung und uralt

Drei Tage vor Weihnachten. Der Bus war gerammelt voll. Man konnte nicht umfallen. Ein gemischter Trupp junger Leute war zugestiegen, nette junge Paare, die sich noch am Finden waren. Ungeniert ging die Unterhaltung vor mir hin und her: „Geht ihr Weihnachten in die Kirche?" Kein verlegenes Schweigen: „Nein, ich hab eigentlich keine Veranlassung. Ich bin getauft, aber kann nichts dafür." Die Freundin gegenüber war ein bisschen zurückhaltend. Sie wusste noch nicht, aber eine Veranlassung hätte sie wohl schon, sie wollte nächstes Jahr getauft werden. Vielleicht hatte das ein bisschen mit ihrem Freund zu tun, der meinte, er würde schon gehen, Kirche war ihm nicht fremd, aber an Weihnachten wollte er keinem den Platz wegnehmen: „Da ist es mir einfach zu voll." Von der anderen Seite kam noch der zusammenfassende Kommentar: „Bei uns geht man eigentlich nur noch zu Taufe, Hochzeit und Beerdigung in die Kirche."

Da musste ich leider aussteigen. Der Rest meines Weges führte vorbei an adventlich geschmückten Balkonen und bunt erleuchteten Fenstern. Ich hatte Zeit zum Nachdenken über Gott und die Welt und die jungen Leute, die so einen sicheren Eindruck machten, dass das alles so in Ordnung war. Wohltuend war natürlich, dass junge Leute miteinander redeten und nicht wie Monaden an ihren Handys hingen. Da wurde ohne Scheu und falsche Scham über persönliche Einstellungen zu christlichen Überzeugungen geredet: Wie hältst du es mit Weihnachten?

Eigentlich halten erstaunlich viele es so, dass sie nicht nur zu Hause feiern, sondern auch in die Christmette gehen. Sie nehmen keinem den Platz weg, sondern nehmen ihren Platz ein. Sie kommen in eine Gemeinde, in der sie mitfeiern können. Sie finden vieles, was dem Gefühl guttut und zugleich erfüllt ist von einer Botschaft, die in jedes Leben mitgehen kann. Weihnachten wird es, wenn wir still werden und hören, was die Engel den Hirten sagen. Aber diese Botschaft fängt damit an: Fürchtet euch nicht. Da muss erst mal ein großes Hindernis beseitigt werden, die Angst des Menschen vor etwas ganz Neuem, einem Anruf aus einer Welt, die nicht meine alltägliche ist. Fürchtet euch nicht, der Himmel will euch nicht schaden. Gott wird ein Mensch unter euch. Aber er drängt sich nicht auf. Dieser Immanuel, der Gott mit uns, ist unendlich zurückhaltend. Aber er ist daran interessiert, dass er verstanden wird, und darum fängt er unter uns an als ein Kind, wie alles Leben der Menschen in dieser Welt. Geht einfach hin und schaut euch an, was Gott euch geschenkt hat.

Und alle Veränderung kommt dann nicht von dem, was wir für das Fest getan haben. Unsere Freude kommt von dem Kind, zu dem wir uns ganz tief beugen müssen, ja vielleicht auch hinknien. Da müssen wir uns nichts einreden. Was da geschieht, ist ganz leise, macht aber Eindruck. Es wäre gut, wenn wir es nicht verwechselten, meinte der engagierte Kabarettist Hanns Dieter Hüsch. In einem weihnachtlichen Gebet bat er darum, Gott möge uns behilflich sein, dass wir Weihnachten nicht feiern wie Karneval und das Wunder von Bethlehem nicht mit dem Rhein in Flammen verwechseln. Und wie Weihnachten alle Menschen erfassen kann, unterstreicht er mit dem Wort: „Christus ist unter uns, urjung und uralt."

Da kann man sich nicht rausstehlen

„Dafür bist du ganz allein verantwortlich." So kann man es oft hören, wenn jemandem ins Gewissen geredet wird. Versöhnlicher klingt es, wenn jemand sagt: Du bist zwar allein verantwortlich, aber du bist nicht allein. Da wird nicht Verantwortung abgenommen, sondern Hilfe angeboten, sie mitzutragen. Da schwingt so etwas mit wie die Vorstellung von Mitverantwortung.

Grundsätzlich gilt wohl, dass Verantwortung etwas Persönliches ist. Sie gehört wesentlich zu uns. Saint-Exupéry sagt kurz: „Mensch sein heißt verantwortlich sein." Der Begriff kommt aus der Sprache, die vor Gericht üblich ist. Da soll jemand antworten auf das, was ihm vorgeworfen oder zur Last gelegt wird. Aber was da zu beantworten oder zu verantworten ist, hat ein ganz bestimmtes Umfeld, in dem Fehler und Taten entstehen und ausgeführt werden. Und dann ist da ein weites Feld, in dem Verantwortung entsteht und geübt wird, in dem man Verantwortung übernimmt oder von sich weist.

Eine kluge Erziehung teilt auch Kindern Aufgaben zu, in denen sie sich verantwortlich fühlen können und diese Verantwortung auch mit einem selbstbewussten Stolz wahrnehmen. Dass dies nicht allen mit

Leichtigkeit gelingt, ist durchaus normal. Manchmal braucht es Hilfestellung und Ermutigung: Das schaffst du schon.

Später gibt es dann nicht selten das, was man Verantwortungsfreudigkeit nennen kann. Da wäre es dann gut, darauf zu achten, dass die Fähigkeiten dazu passen. Umgekehrt kann es sein, dass Fähigkeiten durchaus da sind, aber es gibt so etwas wie eine Verantwortungsscheu. Es lebt sich ja leichter ohne Verantwortung. Und der Spielraum für die Freiheit ist viel größer. Man kann leichter kritisieren und alles besser wissen, ohne es besser machen zu müssen. Von dem kleinen oder großen Unterschied konnte schon mancher berichten, der durch Beruf oder Berufung in eine verantwortungsvolle Stellung gekommen ist.

Verantwortung verbindet man fast wie selbstverständlich mit Aufgaben in der Regierung, auch wenn da nicht alle ihre Interessen zufriedenstellend vertreten finden. Aber es klingt ja schon verheißungsvoll, wenn eine politische Gruppierung in Italien von sich sagt: „Für uns ist Regieren keine Frage von Macht, sondern von Verantwortung." Hätte man eigentlich für normal gehalten, aber manchmal muss das doch eigens betont werden.

Auffallend wenig wird von Verantwortung gesprochen, wo sie wie selbstverständlich übernommen wird von allen, die sich um das Leben kümmern, die es zur Welt bringen, es umsorgen und pflegen, die es wertschätzen. Ich denke, dass die meisten Menschen sich immer noch grundsätzlich verantwortlich fühlen für das Leben. Aber in letzter Zeit erschrecken wir immer wieder darüber, wie andere sich geradezu süchtig darum reißen, die Verantwortung für die Ermordung von Menschen zu übernehmen. Welche Zukunft versprechen solche Leute denen, die ihnen folgen, wenn sie keine Verantwortung für das Leben übernehmen wollen, sondern mit perversem Eifer Leichen sammeln?

Es wird allerdings auch darauf hingewiesen, dass die Verantwortung für das Leben in der Menschheitsgeschichte immer wieder Geringschätzung und Missachtung erfahren hat. In einer Ausstellung mit dem Titel „Worte wie Gift und Drogen – Was Sprache anrichten kann" wird auf eine Wurzel der Verantwortungslosigkeit hingewiesen. Konkret angesprochen wird die Wortwahl unter der Nazi-Herrschaft. Nicht nur die Vernichtung der Juden wurde rhetorisch vorbereitet, sondern auch der Vernichtungskrieg, und schließlich wandte sich Sprache auch vernichtend gegen das eigene Volk, das seiner historischen Aufgabe nicht gerecht geworden sei. Aber das Leben hat sich gegen die Tyrannei durchgesetzt. Von Worten, die verantwortungslos das Leben und Zusammenleben gefährden, sind wir allerdings nicht befreit. Das Wort kann Anfang des Guten wie des Bösen sein. Es muss verantwortet werden.

Damit wir nicht zu Schwätzern werden

„Oma, darf ich still sein?" – Ein Mädchen erinnert sich an seine Besuche bei der Oma. Sie ging immer gern zu ihr, weil Oma keine Pläne hatte, was man wohl alles machen könnte. Bei der Oma konnte die Kleine ungestört stundenlang am Fenster sitzen und den Schneeflocken zuschauen. Da konnte sie auf ihre eigenen Gedanken kommen. Es kam ihr so vor, als brächten die Schneeflocken ein Geheimnis mit, weil sie doch vom Himmel fielen. Im Schweigen konnte sie viele Geschichten hören, die von anderswoher kamen, so wie man es von kleinen Kindern sagt, wenn sie im Schlaf lächeln: Sie träumen von Geschichten, die Erwachsene schon nicht mehr kennen. Sie träumen von dem Land, aus dem sie erst kürzlich gekommen sind.

„Oma ließ mich meine Fragen und Geschichten leben", schrieb die Ärztin Adrienne von Speyr in ihren Kindheitserinnerungen. Und das hat sie sich wohl auch deswegen so gut gemerkt, weil das zu Hause ein bisschen anders war. Der Mutter ging das lange Schweigen des Kindes manchmal auf die Nerven. „Woran denkst du jetzt?", kam die Frage. Das Kind meinte: „an den lieben Gott". Die Mutter erklärte das für Blödsinn und wollte das nicht gelten lassen.

Auf dieselbe Frage sagte das Mädchen dann ein anderes Mal: „Ich denke an dich, Mama." Und weil das Kind beim Nachfragen ganz ehrlich sein wollte, meinte es: „Mama, ich denke, du fragst zu oft, was werden die Leute wohl sagen."

Für das Kind war viel wichtiger die Frage, was Gott denken und sagen würde. In langem Schweigen und Schauen hat es sicher einiges davon erfahren. Wahrscheinlich war ihm schon als Kind die Gabe geschenkt, die für die Begegnung mit Gott so wichtig ist, nämlich das Schweigen. Die großen Lehrer des geistlichen Lebens sagen ganz entschieden, es gibt keinen anderen Weg. Und wenn der Mensch keinen Kontakt mit Gott bekommt, dann liegt es nach den Worten von Sören Kierkegaard daran, dass der Mensch ein Schwätzer ist.

Die ideale Schule des Schweigens wird oft in der Wüste gesehen. „Da verlierst du auch deine Leichtgläubigkeit", sagt Carlo Carretto. Er hat seine Leichtgläubigkeit erlebt in einem aufreibenden Aktionismus. Seine Arbeit als Lehrer und Journalist und vor allem seine Vortragstätigkeit im Rahmen der „Katholischen Aktion" Italiens trieben ihn regelrecht von einer Aktivität zur anderen, bis er für zehn Jahre in die Wüste ging und den Spuren von Charles de Foucauld folgte. Natürlich können nicht alle in die Wüste gehen, aber für sich sah Carretto das als eine Notwendigkeit: „Der Herr hat mich in eine richtige Wüste geschickt, weil ich ein so dickes Fell habe. Der ganze

Sand hat bei mir noch nicht gelangt, die Dreckskrusten meiner Seele abzuscheuern." Und dazu gehörte auch die Einbildung, durch seine rastlose Aktivität eine Säule der Kirche zu sein, auf der eine große Last liegt. „In Wirklichkeit lag an mir buchstäblich nichts. Die Last der Welt lag ganz auf dem Gekreuzigten."

Das geht auch an Steinen
nicht spurlos vorbei

„Allmählich merkte sie, dass Gott einen in der Kirche in Ruhe lässt, dass er nichts verlangt; man könnte meinen, er wäre überhaupt nicht da." Das schreibt Rainer Maria Rilke in einem Brief über Gott. Er liebte es, Kirchen zu besuchen. Eine Freundin, die ihn auf manchen Wegen durch die Stadt begleitete, konnte seine Vorliebe für Kirchen lange Zeit nicht teilen. Sie hatte die Vorstellung, dass es auch in der Kirche einen Patron oder Chef gibt, der sie wie auf dem Arbeitsplatz herumkommandiert. Für ihre Freizeit stellte sie sich etwas anderes vor. Als sie sich dann aber auch wegen des schönen Orgelspiels in die Kirche traute, empfand sie genau das, nämlich dass sie in Ruhe gelassen wurde. Sie konnte nach Herzenslust hören und schauen, ihren eigenen Gedanken und Gefühlen nachspüren.

Die Orgel füllte nicht nur den Raum, sondern der Raum schien auch mitzuspielen. Es war so, als käme aus allen Winkeln und Bögen eine Antwort. Wie Rilke den Raum beschrieb, musste die Musik längst in die Steine eingedrungen sein. Für ihn waren es geradezu erregte Steine, die immer wieder vom Gesang der Lieder und dem Brausen der Orgel erschüttert wurden. So etwas geht auch an den Steinen einer Kirche nicht spurlos vorüber. Es ist so, als würden die Menschen, die sich hier zum Gebet und zum Gottesdienst versammeln, dem Raum nach und nach ihre Spuren einprägen. Das Haus Gottes wird ihr Haus, in dem sie sich heimisch fühlen. Hier hören die Menschen das Wort Gottes, aber der Raum erzählt auch die eigenen Lebens- und Glaubensgeschichten, spricht von Freude, Trauer und Trost, von Hoffnung und Ewigkeit. Der Raum erzählt alles, was Menschen oft über Jahrhunderte dort hineingetragen haben, was sie gestaltet und umgestaltet haben.

Für Rilke war dieser Eindruck besonders stark, wenn er vor einem dieser alten Bilderfenster stand, die angefüllt waren mit Figuren, mit Menschen, mit Pflanzen und Bäumen, mit Tieren und Türmen. Da wurde nichts ausgelassen, was im Leben der Menschen Bedeutung hatte. Alles hatten die Menschen in dieses Gotteshaus hineingetragen und in wunderbaren Farben vor das Licht gestellt, damit es Herz und Augen erfreue und die Geschichten vom Leben erzähle. Rilke meinte, diese Bilder in alten Kirchen würden ihm mehr vom Menschen erzählen, als er bei flüchtigen Begegnungen auf der Straße wahrnehmen könnte. Vor allem würden sie sich nicht darin erschöpfen, nur schön zu sein. In den alten Kirchen gibt es für ihn keine Scheu, das ganze Leben hereinzulassen. Da darf in Bildern das Böse und Schreckliche sein, das Schöne und Verkrüppelte, die Tugend und das Unrecht. Für ihn ist alles irgendwie geliebt um Gottes willen. Und so werden es Menschen durch Generationen wohl auch immer wieder empfunden haben, wenn sie sich in die Bilder der alten Kirchen wie in eine Bibel vertieft haben.

Das hat noch niemand vor dir gesehen

Die Gelegenheiten zum Staunen in Gottes Schöpfung sind unbegrenzt. Viele Schönheiten springen ins Auge, für andere geht man auf die Suche, weil man von ihnen gehört hat. Manche Schönheiten sind sehr verborgen oder sogar unerreichbar. Und dann kann man auch so etwas wie eine persönliche Zuneigung zu ganz bestimmten Schönheiten entwickeln. Man kann über Gräser, Bäume und Blüten staunen, über Vögel, Fische und Wolken. Und warum nicht auch über Steine, über völlig unansehnliche Steine?

Es gibt Leute, die haben ein Auge dafür, was in solchen Steinen verborgen sein kann. Sie sprechen vom Staunen über den Blick in die Schöpfungsgeschichte. Was damit gemeint ist, habe ich auf dem Weihnachtsmarkt erleben dürfen. Da gab es einen solchen Stand mit Steinen, die eigentlich kaum Aufmerksamkeit finden konnten. Aber es standen da Kinder, die fasziniert zuhörten, als man ihnen erzählte, dass in den Steinen ein uraltes Geheimnis verborgen ist. Man müsste sie nur öffnen.

Und dann schauten die Kinder, wie mit einer Spezialsäge ein Stein getrennt wurde. Dann durfte ein Kind die Teile auseinandernehmen, und es wurde ihm gesagt: Du bist der erste Mensch, der in diese

Welt schauen darf, die viele hundert Millionen Jahre alt ist. Was du hier siehst, hat noch niemand vor dir gesehen. Wer kann so etwas begreifen?

Die Kinder waren ganz still. Was kann man da auch sagen? Bei solchen Zeiträumen und gewaltigen Naturvorgängen versagen unsere Vorstellungen. Vielleicht kommen da noch so Fragen wie: Für wen ist das alles so gemacht und entstanden? Warum müssen richtige Wunderwelten eine so unscheinbare Hülle haben, dass man nichts Besonderes hinter ihnen vermutet? Und wie viel von dieser Schönheit gibt es, die niemand entdecken und sehen wird? Sie ist einfach da und wir wissen es nicht. Man könnte von einer Schönheit im Überfluss sprechen.

Das Leben hat keine Lücken

„Ist mein Leben eine Einheit? Kann ich sagen: Das ist mein Leben, ich nehme es an mit allem, auch mit seinen Schwachstellen und Versagern?" Eine vielleicht eigenartige Idee hat mich auf die Spur dieser Frage gebracht. Ein Arzt, Psychotherapeut, behandelt Kinder, die durch den Tsunami von Fukushima traumatisiert sind. Zu seiner Heilmethode gehört u. a., dass er mit den Kindern an Plätze zurückgeht, wo sie den Schrecken der Katastrophe erlebt haben, und so führt er sie auch in ihre ehemalige Schule.

Die Lehrer finden das keine gute Idee, das sollte man den Kindern ersparen. Anders der Arzt: Es ist wichtig, dass wir die Ereignisse unseres Lebens verbinden. Sie gehören zusammen, sie gehören zu uns, sie haben uns geprägt, froh und traurig gemacht. Wir können schmerzliche Erfahrungen, lebensbedrohliche Situationen nicht einfach abkoppeln. Das Leben ist ein Fluss, den wir nicht willkürlich unterbrechen können. Warum möchte ich etwas ausklammern? Was habe ich gelernt, gerade auch aus schmerzlichen Erfahrungen? Was tut mir leid, was mache ich anders, wie erinnere ich mich, bin ich versöhnt?

Ich bin kein Fachmann. Ich kann nicht beurteilen, ob die Methode des japanischen Arztes genügend erprobt ist und zur erstrebten Entlastung der traumatisierten Kinder führt. Aber ich kann das machen, was ein neugieriger Mensch machen möchte. Ich kann schauen, was für mich stimmig sein könnte, wenn ich auf mein Leben schaue, besonders auf die Stellen, die ich schon so einige Male leichtfertig übersprungen habe. Sie wollen nicht so recht passen, ich habe noch nicht die richtige Antwort gefunden, oder ich würde sie am liebsten nicht wahrhaben wollen und gerne ausklammern.

Da finde ich die Rückkehr an bestimmte kritische Orte für mich zunehmend hilfreich. Da nehme ich gleichsam etwas in die Hände und schaue es mir von allen Seiten an. Und dann bleibe ich nicht hängen an der Schattenseite, an dem, was mich geärgert hat, was mir vielleicht heute noch peinlich ist, was ich gern ungeschehen machen würde. Ich lasse allem den Platz in meinem Lebenslauf. Und mit allem, was sich da gemischt hat und immer noch mischt, bin ich in Bewegung, bin ich auf dem Weg oder im Fluss, wie es der griechische Philosoph Heraklit (500 v. Chr.) als Weltformel gedeutet hat.

So gesehen könnte ich die Methode des Therapeuten verstehen als den Versuch, den Strom des Lebens wieder in Bewegung zu bringen, wo er schockartig unterbrochen wurde, wo übergroßer Schrecken oder abgrundtiefe Trauer zur Sperrmauer für das Leben geworden sind.

Fukushima heißt: eine Insel voller Glück.

Das Zeichen der Hoffnung

Der Jesuit Matteo Ricci war als begeisterter Missionar aufgebrochen und brachte dem Kaiser von China eine Uhr. Aber das kann wohl nicht alles gewesen sein. Andere Missionare haben gepredigt und das Kreuz aufgerichtet. Das klingt allerdings nach einer sehr glatten Formel. So einfach ist auch eine gute Botschaft nicht unter die Leute zu bringen. Was beim Menschen ankommen soll, muss zuallererst den Menschen achten. Und diese Achtung vor dem Menschen kann sehr anstrengend sein. Die ersten Chinamissionare trafen auf ein hochkultiviertes Reich, das sich allem Fremden verschlossen hielt. Eine Annäherung war nur möglich über die Elite des Landes, die wissenschaftlich gebildet und interessiert war. Das bedeutete für Missionare die Sprache bestens beherrschen, in den Naturwissenschaften vielseitig gebildet sein, sich in Kultur und Lebensform anpassen. Und dann brauchte es Fürsprecher am kaiserlichen Hof.

Es hat Jahre gedauert, bis der Missionar Matteo Ricci ins Reich der Mitte eingelassen wurde, wie China damals sich selber sah. Ein Geschenk, das dem Kaiser sehr imponierte, war eine Uhr, deren Wartung und Geheimnis sich der Missionar aber vorbehielt, um sich bei Hofe unentbehrlich zu machen. Der hochgebildete Missionar bekennt, dass das Kreuz am Anfang eine unerträgliche und auch unverständliche Zumutung gewesen wäre. Heute können wir sagen, dass die Christen in China das Kreuz nicht nur kennen, sondern seine Last und sein Heil erfahren haben. Und wie alles angefangen hat, findet man heute noch auf Andachtsbildern aufbewahrt, auf denen neben Maria und Jesus am Kreuz die dem Kaiser geschenkte Uhr zu sehen ist.

Das bringt mich auf die komische Idee, dass man in vielen Ländern – auch in Europa – in Zukunft dieses Bild so drucken könnte, dass darauf nur noch eine Uhr zu sehen ist. Irgendetwas Gemeinsames muss man ja noch haben. Das Kreuz muss auf jeden Fall weg. Das kann man keinem aufgeklärten Menschen mehr zumuten. Aufgeklärt ist, wer alles für erklärbar hält. Da muss auch der gläubigste Mensch passen, denn das Kreuz kann keiner erklären. Es ist und bleibt das größte Ärgernis, Zeichen tiefster Erniedrigung und des Scheiterns – wenn man dabei stehen bleibt. Aber vom Glauben an den auferstandenen Christus her bekommt es Bedeutung und Kraft. In diesem Glauben haben Menschen das Kreuz getragen, und es ist für sie zum Zeichen der Hoffnung geworden.

Ein eindrucksvolles Zeichen solcher Hoffnung ist der „Berg der Kreuze" in Litauen. Vor fast 200 Jahren waren es eher kleine Kreuze der Dankbarkeit oder eines Gelöbnisses, die Menschen auf einem Hügel „pflanzten", auf dem früher eine Burg stand. Später, in Zeiten politischer Konflikte und Kriege, wurden es Zeichen der Trauer und der Hoffnung. Unter dem sozialistischen Regime wurden die Kreuze abgebrannt; es war die Zeit des so genannten „Bulldozer-Atheismus". Aber der „Berg der Kreuze" wurde schnell wieder lebendig. In heimlichen Prozessionen errichteten die Menschen ihre Kreuze als Zeichen des Widerstands und ihres unerschütterlichen Glaubens. Kein Wunder also, dass Litauen zu den Staaten gehört, die sich vor dem Europäischen Gerichtshof für Menschenrechte durch einen jüdischen Anwalt vertreten lassen, der ein „Recht auf Kreuze abhängen" bestreitet; der sogar davon spricht, dass die Europäer auf einer angstvollen Flucht vor ihren eigenen christlichen Wurzeln sind. Oder als religiöse Analphabeten nicht mehr in der Lage sind, die Zeichen ihrer Hoffnung zu lesen.

Der „Begrüßer" ist
das freundliche Gesicht der Gemeinde

Als Tourist geht man eigentlich ganz gerne in Kirchen. An Regentagen sind sie manchmal die letzte Rettung. Man ist geschützt und nicht ganz untätig. Manchmal sind Gruppenreisen auch so angelegt, dass Kirchen in einem bestimmten Land im Mittelpunkt stehen. Da geht es dann um Geschichte mit unterschiedlichen Phasen von Achtung und Missachtung der Religion. Es geht um Baustile in verschiedenen Kulturepochen. An Kirchen kann man vieles ablesen, natürlich auch die Wertschätzung, die sie in der Gegenwart erfahren. Von einer Bildungsreise „Kirchen in Armenien" brachte eine Teilnehmerin den Eindruck mit, dass man reich an Kirchen ist, aber arm an Mitteln, sie alle gut zu erhalten.

Bei einer Kirche in schlechtem Zustand könnte man auf die Idee kommen, dass es zu wenig Menschen gibt, die noch am Gottesdienst interessiert sind. Aber das scheint nicht der Fall zu sein. Was bewundert wurde, war die Frömmigkeit der Gläubigen. Nur die Art und Weise, wie die Teilnahme am Gottesdienst von westlichen Besuchern erlebt wurde, dürfte befremdlich sein. Da wurden ja keine Aufgaben verteilt, war die spontane Reaktion. Und man erinnerte sich an die eigene Gemeinde, in der nicht alle Aktivität allein beim Priester angesiedelt war. Aus meiner Erfahrung in Pfarreien, zu denen ich für Gottesdienste komme, kann ich sagen: Da ist vor der Messe ein Kommen und Gehen in der Sakristei. Als Erste kommt eine junge Frau: Ich bin die Lektorin. Und Fürbitten habe ich eigene mitgebracht. Bei den nächsten Leuten, die in die Sakristei kommen, fange ich auch schon mal an zu raten, wer wofür zuständig sein könnte. Ich tippe auf Organistin, aber die Frau ist Kommunionhelferin. Bei dem Mann, der jetzt auftaucht, bin ich mir sicher, das kann nur der Organist sein. Aber es ist der Kantor. Also kann der Letzte nur der Organist sein. Nein, ich bin der Begrüßer.

Jetzt bin ich mit meinem Latein am Ende. Ich kann mir also die Begrüßung der Gemeinde sparen. Das macht hier ein eigener Begrüßer. Aber da habe ich wieder danebengetippt. Denn es stellt sich heraus, dass der Begrüßer nicht in der Kirche, sondern vor der Kirche seine Aufgabe erfüllt. Man könnte sagen, er hilft Leuten, sich leichter in der Kirche zurechtzufinden. Wer regelmäßig kommt, wird ihm wahrscheinlich freundlich zunicken oder sich die flapsige Bemerkung erlauben: Machst du heute mal wieder Gesichtskontrolle? Aber im Stillen denkt jeder: Der leistet einen urchristlichen Dienst. Er gibt Menschen das Gefühl, dass sie willkommen sind. Manchem nimmt er die Schwellenangst. Er ist kein Türsteher, der einlässt oder abweist. Er hat ein Auge für Leute,

die neu in die Gemeinde gekommen sind und dazugehören möchten. Und manchmal ist es ja auch hilfreich, wenn man erfährt, was geht und was nicht so
gut geht. Natürlich darf auch der Hund mit in die
Kirche, wenn zur Tiersegnung eingeladen wurde.
Und bei der Erstkommunion macht es sich nicht so
gut, wenn Blitzlichter die meiste Aufmerksamkeit
hervorrufen. Und das Handy ausschalten wäre auch
angebracht, wenn man nicht gerade Arzt in Bereitschaft ist. Es gibt eben einiges, was man besser im
Vorraum der Kirche klärt, damit man weiß, was geht
und was den Gottesdienst der Gemeinde unnötig
stört. Was so gar nicht wünschenswert wäre: Wenn
niemand mehr käme, den man begrüßen könnte, weil
er oder sie neu sind.

Der erste und der letzte Stein

Am Anfang war der Altar. So begann der Bau einer Kirche, die in Zusammenarbeit mit der ganzen Gemeinde geplant wurde. Da gab es noch keine Wände und kein Dach, als der Künstler seine Arbeit am Altar begann. Das würde die Mitte der Gemeinde sein, die sich um den Altar versammelt. Alles andere sollte von dieser Mitte her wachsen und seine Gestalt und Bedeutung bekommen. Das wurde auch sehr deutlich bei der Grundsteinlegung. Der Altar war der Grundstein, der gelegt wurde. Er war immer schon da, egal was um ihn herum geschah. Er hat die ganze Baugeschichte erlebt und auch mitgeprägt. Und wenn man dem Gedanken des Künstlers folgt, hatte dieser Altarstein eine unvorstellbar lange Vorgeschichte, bis er erkannt und gewählt wurde, um die Mitte einer Kirche und Gemeinde zu werden.

Steine leben länger. Sie sind stille Weltgeschichte. Sie müssen sich nicht in einer eng begrenzten Zeit aussprechen. Sie müssen nicht ständig von sich reden machen. Aber sie werden noch reden, wenn wir alle nichts mehr zu sagen haben. Von daher könnte man auf die Idee kommen, dass der Mensch sich der Steine bedient, um etwas auszusagen, wofür sein eigenes Leben zu kurz oder zu arm an Zeichen ist. Mit solchen

Steinen haben Menschen seit urdenklichen Zeiten Gott ein Haus gebaut; nicht, weil sie glaubten, er brauche das, sondern weil sie mit einem Zeichen ihren Glauben ausdrücken wollten, dass Gott unter den Menschen wohnen will. Und Gott gibt dem Werk der Menschen den Wunsch mit, dass er sich ein Haus aus lebendigen Steinen wünscht.

In der Geschichte sind herrliche Gotteshäuser entstanden, die Gott nicht braucht, in denen sich aber die Menschen vor Gott in Erinnerung bringen möchten. Und manches deutet auch darauf hin, dass sie sich ins Gedächtnis der Gemeinschaft einschreiben und in der Achtung kommender Generationen weiterleben wollten. Es gab eine bevorzugte Art, sich mit einer Unterschrift aus Stein in die Baugeschichte eines Gotteshauses einzutragen. Wenn die Kirche um den Altar bis zum Gewölbe gewachsen war, wurde am höchsten Punkt des Gewölbes der Schlussstein eingefügt, der sehr unterschiedlich gestaltet war. Da fanden sich die Gestirne des Himmels oder die Gestalt eines Engels, das Lamm Gottes oder das Bild des Kirchenpatrons. Mit einigem Stolz haben sich oft auch die Gilden verewigt, die den Bau errichtet oder ermöglicht haben. Ein besonders aufschlussreicher Stein ist in der Frauenkirche in Nürnberg zu finden. Er erzählt vom Alltag in Nazaret: Jesus geht zur Schule und lernt. Wer diesen Schlussstein eingelassen hat, muss ein sehr lebendiges Gespür für Kirche und Gemeinde gehabt haben. Nun ist das Haus Gottes fertig und wir könnten uns darin einrichten. Aber nein, der letzte Stein spricht davon: Jetzt geht es darum, mit Jesus in die Schule zu gehen und den Glauben zu lernen.

Der Funke Glück

Was für ein Glück! Endlich habe ich Zeit! – Wahrscheinlich geht es vielen so wie mir, wenn es ab in den Urlaub geht. Da liegen Tage vor mir, die ich ganz anders gestalten kann. Ich verlasse die Trampelpfade meines Alltags mit allen Gewohnheiten und Gewöhnungen. Natürlich gibt es da hilfreiche Riten, die das Leben strukturieren, damit man nicht jeden Tag alles von vorne denken muss. Aber auf Dauer kann man auch darunter leiden, wenn man zu wenig von Neuigkeiten überrascht wird.

Ich weiß natürlich, dass ich in absehbarer Zeit in meine gewohnte Welt zurückkehren werde, wenn alles gut geht, aber ich möchte dann mit etwas mehr Welterfahrung und Gelassenheit meine Aufgaben erfüllen. Früher hat mich das traurig gemacht, wenn ich an diese Rückkehr aus der Freiheit in den Alltag dachte. Heute ist es eher so, dass ich mir sage: Alles hat seine Zeit. Nimm sie für das, wofür sie gedacht ist, jetzt in diesem Augenblick. Gib ihr den Inhalt, der zu dir passt. Und dann entdecke ich plötzlich auch so etwas wie eine Verantwortung für die Zeit, die ich da habe.

Aber kann man Zeit eigentlich haben, sich nehmen? Woher? Wie macht man das? Kann man Zeit aufheben, einteilen, vermehren? Kann man Zeit vergeuden oder, wie man es in Kindertagen manchmal zu hören bekam, dem Herrgott den Tag stehlen? Mein Gott, das war ja unverantwortlich, wenn man bedenkt, dass bei Gott tausend Jahre wie ein Tag sind.

Heute würde ich sagen, dass Gott gar nicht mit Zeit rechnet. Zeit gehört zu uns, weil wir uns unter Ewigkeit alles Mögliche vorstellen, nur nicht das, was Gott damit meint. Also Zeit gehört zu mir, ich bin zeitlich. Zeit ist dann so etwas wie der Raum, in dem ich mich bewege, den ich gestalte, der meine Handschrift bekommt. Aber diese Handschriften können ganz unterschiedlich sein. Für manche Leute scheint die Zeit etwas ganz Wildes zu sein. Sie läuft ihnen dauernd davon. Andere scheinen die Zeit nicht zu mögen. Sie vertreiben die Zeit. Und dann gibt es auch eine Zeit, die zu lang wird: Langeweile. Vielleicht könnte sie erträglich werden, wenn man etwas von der Zeit abgibt. Aber wie macht man das?

Ich habe am Anfang so leichtfertig gesagt: Was für ein Glück. – Jetzt habe ich Zeit. Vielleicht gehört das gar nicht zusammen: Zeit haben und glücklich sein. Es hat mal jemand gemeint: Immer glücklich sein könnte auch langweilig werden. Zum Glück ist das ja nicht so. Das Glück blitzt eigentlich eher auf wie ein Funke. Oder man könnte auch sagen: Es lebt vom Kontrast. Wenn ich bergauf wandere, ist das nicht immer die reine Freude. Aber wenn ich oben bin und schaue, dann ist da dieser Funke Glück. Und dann gibt es beim Glück noch so etwas Eigenartiges. Oft kann man erst eine Weile später sagen: Da war ich glücklich.

Die Macht der einen braucht die Dummheit der anderen

Neues Spiel, neues Glück – klingt gut, wird aber wohl nicht reichen für die Einstellung, mit der man ein neues Jahr beginnen möchte. Man muss das Leben nicht todernst sehen, aber ein Spiel ist es sicher nicht. Und mit dem Glück ist das auch so eine Sache. Wenn einiges so richtig danebengeht, kann man wohl nicht einfach sagen: Da haben wir halt kein Glück gehabt! Also nehmen wir uns am besten etwas vor für das neue Jahr mit der Überzeugung, dass wir daran arbeiten müssen. Aber woher kommen die Ideen dafür? Das Leben fängt ja nicht neu an. Wir haben schon einige Erfahrung damit. Wahrscheinlich kommen die besten Vorsätze für den Weg vor uns, wenn wir auf den Weg hinter uns schauen. Was hat sich bewährt und taugt für die Zukunft? Was muss hinterfragt werden, weil die Zeichen der Zeit darauf hinweisen? Und wie berührt mich das alles an der Stelle, an der ich jetzt stehe? Es gibt Zeiten mit einem Gleichmaß, in denen man nicht an große Veränderung denkt. Und es gibt Zeiten, in denen brodelt es so richtig. Da reichen Treu' und Redlichkeit nicht aus. Da müssen die Gedanken bis an die Wurzeln gehen.

Solche Gedanken fand ich bei Dietrich Bonhoeffer in seiner Rechenschaft an der Wende zum Jahr 1943. Es war kurz vor seiner Gefangennahme durch die Nazis. Er schaute auf die ersten zehn Jahre des „Tausendjährigen Reiches" zurück, das nach weiteren zwei Jahren im Chaos endete. Für Bonhoeffer war in den zehn Jahren vieles verloren gegangen, aber es war keine verlorene Zeit. Verloren ist nur die Zeit, in der wir nicht als Menschen gelebt haben. Also eine wichtige Aufgabe auch für die Zukunft. Die Zeit Bonhoeffers war von Menschenverachtung geprägt. Aber er warnt davor, sich selbst in Menschenverachtung hineintreiben zu lassen. Dann macht man den Fehler seiner Gegner und erreicht nichts für die Gemeinschaft.

Schlimmer als die Bosheit seiner Zeit schätzt er die Dummheit ein und gesteht: Gegen die Dummheit sind wir wehrlos. Aber wenigstens einige Merkmale möchte er beschreiben, wenn er sagt: Die Macht der einen braucht die Dummheit der anderen. Und wo Macht sich ungebührlich entfaltet, raubt sie dem Menschen die innere Selbständigkeit. Solche Macht hat sehr verschiedene Formen. Eine zeigt sich zum Beispiel in Gesprächen, die keine Originalität mehr verraten, sondern Schlagworte und Parolen transportieren.

In allen Gefahren für sein eigenes Leben vertraut er auf Gottes Hilfe, die man aber nicht im Voraus bekommt. Und Fehler darf man auch machen. Mit

denen wird Gott genauso gut fertig wie mit unseren
Guttaten. Und in einer Luft, die von Misstrauen ver-
pestet ist, setzt er auf Vertrauen, das immer ein Wag-
nis bleibt. Denn anders gibt es keine Gemeinschaft.
Und ganz entschieden glaubt er, dass dafür nicht Ge-
nies, nicht Zyniker, nicht Menschenverächter, nicht
raffinierte Taktiker gebraucht werden, sondern einfache und gerade Menschen. Und selbst im Erleben
der Machtlosigkeit sieht er noch einen Sinn. Da lernt
man Ereignisse der Weltgeschichte von unten zu sehen, aus der Perspektive der Unterdrückten, Ver-
höhnten und Leidenden. Da wird der Blick für
Menschlichkeit, Recht und Barmherzigkeit klarer.
Man darf sich nur nicht auf die Seite der ewig Unzu-
friedenen treiben lassen.

Die Toten verlieren wir nicht

Das war wohl gute alte Tradition auf dem Dorf, dass wenigstens eine Person aus jeder Familie zur Beerdigung mitgeht. Mitten am Werktag war die Kirche bis auf den letzten Platz besetzt. Der Weg zur Trauerfeier in der Friedhofshalle war kurz, aber die Prozession lang. Nach Gebeten und Gesängen des Kirchenchors wurde dem Verstorbenen das Geleit zum Grab gegeben. Es war eine Urnenbeisetzung. Nach der Feier meinte eine Frau, es hätte ihr etwas gefehlt, nämlich der Sarg, und die meisten Leute wären es hier noch so gewöhnt, dass zur Beerdigung eine richtige Leich' gehört.

Da hat sich natürlich seit Jahren einiges verändert. Beim Besuch von Friedhöfen staune ich immer wieder über die Phantasie, mit der Plätze für die Beisetzung von Urnen gestaltet werden. Das geht von der einfachen Wand bis hin zu kleinen Ansiedlungen, die dem Modell für ein Neubaugebiet gleichen. Besondere Beachtung finden auch Kirchen, die nicht mehr der Versammlung einer Gemeinde von Lebenden dienen, sondern zur Heimat der Verstorbenen geworden sind. Aber nach christlichem Verständnis gehören ja beide immer schon zusammen, wenn es heißt: Vor Gott sind alle Lebende. Papst Johannes XXIII. hat das mal so ausgedrückt: Wenn die Gemeinde sich zur Feier der Eucharistie versammelt, dann sind die Toten nicht abwesend, sondern nur unsichtbar.

Dass diese Verbindung auf sehr unterschiedliche Weise gespürt wird, zeigt sich in der Kultur, mit der die Erinnerung an die Verstorbenen gepflegt und gestaltet wird. Wenn man genauer hinschauen würde, könnte man viele Friedhöfe in der Welt zum Weltkulturerbe machen. Der Waldfriedhof von Stockholm hat es schon geschafft. Vielleicht wurde die Wahl ein bisschen beeinflusst durch die letzte Ruhestätte von Greta Garbo, die sich allerdings durchaus bescheiden einreiht. Ganz anders als die Pyramiden in Ägypten, die mit gewaltigem Aufwand das Andenken an gottähnliche Pharaonen bewahren sollen. Bei ihrem Anblick kommt man nicht gleich auf die Idee, dass im Tod alle gleich sind, aber es ist so.

Deswegen müssen aber nicht alle Gedenkstätten gleich sein. Die Unterschiede sagen viel über die Einstellung der Lebenden zum Tod und ihre Wertschätzung für die Verstorbenen. Natürlich sagen sie auch etwas über Arm und Reich. Familien mit Rang und Namen wissen sehr wohl, was sie ihren Toten und nicht zuletzt auch sich selber schuldig sind. So ist es bisweilen geschehen, dass prachtvolle Grabgestaltungen erst viele Jahre nach dem Tod eines Angehörigen entstanden, weil sich die Nachkommen aus irgendeinem Grund in der Öffentlichkeit als bedeutsam in Erinnerung bringen wollten. Besonders reich an solchen imposanten Gedenkstätten soll der Friedhof in Mailand sein. Eins der besonders kunstvollen Gräber sei das des Likörfabrikanten Campari. Beklagt wird allerdings, dass es weniger Beachtung findet als sein Getränk.

Es ist aber auch bekannt, dass es in früher Zeit der Römer Hinweise auf eine Art erwünschte Nichtbeachtung gab, wenn jemand auf seinen Grabstein schreiben ließ: Ich war nicht – ich bin nicht – mich kümmert nichts. Das wiederum kann natürlich Nachgeborene neugierig machen, die dann forschen, wer denn so etwas gesagt oder geschrieben hat. Also irgendwie reißt der Faden der Erinnerung doch nicht ab. Hilde Domin hat mal gemeint, die Toten verlieren wir nicht. Der ungarische Schriftsteller Sandor Marai begab sich gern unter die Toten, weil er sich in der Reihe seiner Ahnen fühlte, die ihn geprägt hatten. Und Michel Quoist bat seine Toten, sie möchten ihm helfen, in diesem kurzen Leben zu lernen, ewig zu leben. Auf einer Gedenktafel für die Gefallenen des Krieges stand der schlichte Hinweis: „Gedenkt der Lebenden und was sie bedroht, so gedenkt ihr wahrhaft der Toten" (Ernst Toller).

Eigenes Profil im Angebot

Weiterbildung ist gut, wenn man die eigene Bildung dabei nicht vergisst. Hinter dieser Erkenntnis steckt ein bestimmter Trend. Da ist jemand verantwortlich für den Tourismus in einem schönen Alpental. Diese Gegend ist nicht um jeden Preis auf laute Reklame für sich angewiesen, weil viele Gäste immer wieder kommen und sich wohl fühlen. Land und Leute haben Profil, man kann sagen, ein durchaus christliches. Das hat noch keinen Nichtchristen abgehalten, hier Urlaub zu machen und die Natur und Kultur und Gastfreundschaft zu genießen. Aber was schön ist, kann schließlich noch schöner und für noch mehr Menschen attraktiv werden, mag sich der Tourismusdirektor gedacht haben, als er seinen Landsleuten einige neue Erkenntnisse aus seiner Weiterbildung weiterreichte.

Darunter war unter anderem auch die Empfehlung, in Hotels und Pensionen auf Bibeln und religiöse Symbole zu verzichten, weil Gäste aus anderen Religionen dadurch womöglich befremdet sein könnten. Da kann man natürlich fragen: Was ist denn eigentlich so verkehrt daran, wenn etwas befremdet? Wenn jemand zu anderen Leuten oder in ein anderes Land kommt, ist es doch das Normalste von der Welt, dass ihm vieles zunächst einmal fremd ist. Das kann sich aber sehr schnell ändern, wenn jemand Fragen stellt, warum etwas anders ist. Man muss das Angebot an Touristen und Urlauber doch nicht so weit neutralisieren, dass vom Profil der Menschen in dieser Gegend, von ihrer Kultur und ihrem Glauben nichts mehr übrig bleibt und sich alles fraglos auf Wellness reimt.

So ähnlich müssen das wohl auch die Vermieter von Hotels und Pensionen empfunden haben, als sie sich erzürnt zu den Weiterbildungsvorstellungen ihres Tourismusdirektors äußerten. Es wurde sehr treffend vermerkt, dass solche Empfehlungen geeignet seien, die eigene Identität zu verleugnen und den eigenen Kulturkreis als unbedeutend hinzustellen. Es wurde also kein Kreuz oder religiöses Bild abgehängt und der Tourismusdirekter entschuldigte sich. Er hatte bei der Weiterbildung wohl ein bisschen unterschätzt, was schon an Bildung da war. Es gibt eben Fundamente, auf denen man mit gutem Gewissen und Selbstbewusstsein weiterbauen kann. Man kann ruhig davon ausgehen, dass rund um den Globus unglaublich viele Feinheiten in Religion und Kultur gewachsen sind, die die Globalisierung nicht zu erfinden braucht. Sie könnte es wohl auch nicht, denn sie lebt eher davon, dass Menschen sich gegenseitig etwas anzubieten haben, was sie schätzen, was ihnen heilig ist, wovon sie überzeugt sind. Aber das sollte man auch klar zum Ausdruck bringen dürfen und sich nicht ständig dafür entschuldigen, dass man „leider" eine Geschichte, eine Religion und Kultur und ein eigenes Profil hat.

Wer auf sein Profil verzichtet, wird nicht mehr gefragt. Wahrscheinlich ist nichts an ihm, was befremdet und neugierig macht. Allerdings wird man sich auch immer wieder auf das besinnen müssen, was man als Wert anerkennt, damit man denen, die fragen, die Antwort nicht schuldig bleibt. Es soll ja durchaus die Möglichkeit geben, dass auch Werte verdunsten, wenn man sie nur noch wegen ihrer dekorativen Wirkung im Angebot hat.

Ein Rausch und gut für die Seele

„Es gibt viele Wege zu Gott. Einer führt über die Berge." Das war die Überzeugung des ehemaligen Bischofs von Innsbruck, Reinhold Stecher. Er ist diesen Weg über die Berge leidenschaftlich gern gegangen. Dabei hat er den Weg natürlich auch gut kennengelernt. Und seine Leidenschaft und Kenntnis hat er nicht als Geheimnis gehütet. Er hat viele Menschen auf diesen Weg mitgenommen, vor allem Jugendliche. Für die Touren mit ihnen hatte er hunderte Meter Bergseil in seinem Keller. „Jugend braucht rauschhafte Erlebnisse" war seine Überzeugung. Wer einmal in die Großartigkeit der Bergwelt eingetaucht ist, wird seine Langeweile nicht mit Drogen oder Komasaufen vertreiben. Und der Schweizer Biologe und Anthropologe Adolf Portmann möchte diesen heilsamen Rausch auf den modernen Menschen überhaupt ausgedehnt sehen, der in seiner überzivilisierten Welt – seiner selbstgebauten Second-Hand-Welt – nichts nötiger hat als die Begegnung mit der ursprünglichen Natur.

Wer die Berge erwandert, erlernt einen anderen Rhythmus. Jemand meinte: Da denke ich nicht so sehr, da fühle ich. Ich freunde mich mit dem Weg an; bin ihm auch noch dankbar, wenn er schwierig wird, weil ich auf ihm ein bestimmtes Ziel erreichen will. Aber nicht um jeden Preis. Wer sich in der Natur bewegt, tut gut daran, ihre Zeichen zu beachten und richtig zu deuten. Falscher Ehrgeiz kann da lebensgefährlich sein. Hinweise von Leuten, die die Berge mit ihrem Wetter und seinen plötzlichen Veränderungen kennen, sollte man nicht in den Wind schlagen. Ich bin auch schon vor Gewittern im Gebirge weggelaufen oder habe mich nicht auf vereiste Schneefelder getraut. Das sind keine Misserfolge oder Niederlagen, sondern Respekt vor den Kräften der Natur. Da spürt der Mensch seine Grenzen und kann erfahren, was zum Sinn seines Lebens gehört. Die Autorin Irmtraud Tarr hat mal in einem Interview auf die Frage nach dem Sinn des Lebens für Menschen von heute gesagt: „Sie sollen sich mit etwas verbinden, was über sie selbst hinausführt." Das können durchaus Erfahrungen mit den Kräften und Geheimnissen der Natur sein.

Viele Menschen sind schon überwältigt, wenn sie nur schauen können. Ich bin einmal in der Gondel zu Tal gefahren mit einem sportlich aussehenden Mann im mittleren Alter. Zuerst dachte ich, er fotografiert ein bisschen viel nach allen Seiten. Er sollte doch einfach selber im Berg laufen. Er sagte, das täte seine Familie jetzt, aber er könnte nicht dabei sein. Er wäre zu schwach dafür, er hätte Leukämie. Aber die Bilder dieser herrlichen Natur würde er mitnehmen. „Sie tun meiner Seele gut", meinte er.

Es wäre zu schön, wenn wir auch immer so klar wüssten, was unserer Seele guttun kann. Gelegenheiten dazu gibt es mehr, als wir denken. Manchmal müssen wir uns nur führen oder verführen – oder auch bergführen lassen. Und wir dürfen uns nicht wundern, wenn es dann sehr stille Tage gibt. „Die Berge sind keine wortreichen, aufdringlichen, lästigen Sektenprediger", hat Bischof Stecher gemeint. „Sie bieten die Botschaft vom Schöpfer in vornehmer Verhaltenheit. Aber nicht umsonst sind rund um den Erdball heilige Berge entstanden."

Eine Brücke voller Versprechen

Eigentlich war die Fußgängerbrücke für eine solche Belastung gar nicht gedacht. Man konnte sich fragen, ob sie das alles tragen kann. Rechts und links war die Brücke mit einem soliden Drahtgeflecht gesichert. Von dieser Konstruktion war aber schon nicht mehr viel zu sehen, weil alles mit Schlössern vollgehängt war. Auf jedem Schloss stand ein Datum. Dann und dann hatte es angefangen, dass Klaus und Ina, Ursel und Sven, Fritz und Franz sich verliebt oder verlobt oder für immer versprochen hatten. Das wollten sie mit dem Schloss besiegeln. Und damit das gültig blieb, haben sie den Schlüssel in den Fluss geworfen. Und man darf vermuten, dass niemand einen Zweitschlüssel behalten hat.

Man könnte die Brücke beneiden, dass sie so viele Treueversprechen tragen darf. Immer wieder bleiben Fußgänger stehen und lesen Namen und Daten und werden nachdenklich. Sie haben kein Schloss aufgehängt und keinen Schlüssel in den Fluss geworfen, aber sie haben sich vor vielen Jahren Treue versprochen und gehalten. Wäre ja ein guter Grund für ein Schloss: „Adam und Eva – zusammen glücklich seit 30 Jahren."

Ich habe mir viele von diesen Schlössern angeschaut. Bei mancher Jahreszahl habe ich gedacht, ob die beiden wohl mal wieder vorbeikommen und sich darüber freuen. Wenigstens ein Schloss habe ich entdeckt, bei dem ich den Eindruck hatte, da könnte jemand gemogelt haben. Da wurde nämlich kein Schlüssel weggeworfen. Es war ganz schlicht ein Schloss für eine Geheimzahl. Wer sie kennt, könnte des Nachts kommen und die Spur des Versprechens verschwinden lassen. Es würde die Brücke entlasten, aber sicher nicht freuen.

Eine Zeit mit viel Musik in der Luft

Nun singen sie wieder landauf, landab. Es ist die heimelige Zeit, oder sollte man sagen, man sucht die Heimeligkeit in der hektischen Zeit? Der Advent ist viel Vorbereitung auf ein großes Fest. Das bedeutet Planen, aber oft auch Unruhe und Hektik, nicht selten auch vorfestliche Gereiztheit. Aber in aller Umtriebigkeit lässt sich nicht verheimlichen, dass die Menschen von einem Strom großer Gelassenheit mitgenommen werden, von dem man gar nicht so richtig weiß, wie man ihn erklären soll. Ich könnte sagen, der Advent hat etwas Musisches, das irgendwie die meisten Menschen anrührt. Vielleicht regt es die Phantasie an, wenn jemand auf etwas wartet. Da wird Zukunft ausgemalt und besungen. Da werden Erwartungen zu Melodien. Es gibt wohl kaum eine Jahreszeit, in der das Singen und Musizieren einen so breiten Raum einnimmt. Da sind nicht nur die großen Konzerte, die Oratorien, unter denen das Weihnachtsoratorium von Bach nicht fehlen darf. Da sind weltliche und kirchliche Chöre, die sich für das Fest einsingen oder auf adventlichen Veranstaltungen mitwirken.

Auf jedem Weihnachtsmarkt sind Kinder- und Erwachsenenchöre, Blaskapellen und Gospelsänger wie bei einem edlen Wettstreit versammelt. Nicht selten kommen sie aus kleinen Nachbarorten, in denen man gar nicht so viele Aktive vermuten würde, die eine so gute Musik pflegen. Man könnte sagen, dass bis aus dem letzten Winkel des kleinsten Dorfes sich im Advent wenigstens die Blockflöte meldet. Man kann sie gelegentlich am Rand des Weihnachtsmarktes oder in der Fußgängerzone erleben. Da haben sich zwei Mädchen zusammengetan, weil sie die Idee hatten, sie möchten armen Kindern in anderen Ländern helfen. Und sie spielen auf ihren Blockflöten die weihnachtlichen Melodien, die noch sehr jung und frisch klingen, weil eben kürzlich erst eingeübt.

Daneben gibt es natürlich die hochprofessionellen musikalischen Angebote mit den meist sehr vertrauten Melodien, die man aber nur ganz leise innerlich mitsingen kann. Vielleicht genügt das vielen nicht und darum wird in der adventlichen und weihnachtlichen Zeit mehr gesungen als sonst im Lauf des Jahres. Ein Student meinte, er wolle doch endlich mal in einem Chor mitsingen. Er habe sich immer schon gewünscht: „Einmal das ‚Transeamus‘ singen und dann sterben." Er hat es mit Freuden gesungen und ist umso lebendiger. Manche Leute lassen sich das Mitsingen auch einen Batzen Geld kosten. Ein Freund schrieb mir aus Australien, er würde regelmäßig das Weihnachtsoratorium mitsingen, müsse dafür aber drei Tage am Stück üben und 150 Dollar bezahlen. Aber die Freude sei es wert.

Ich kann das nachempfinden, weil ich auch viele Jahre in einem Chor gesungen habe. Die Arbeit am Weihnachtsoratorium begann natürlich schon, als die Sonne noch hoch stand und man ins Schwitzen kommen konnte. Irgendwann war der Zeitpunkt erreicht, da stimmte alles von den Noten her. Aber so konnte man es einem weihnachtlich erwartungsvollen Publikum noch nicht anbieten. Dem Ganzen musste gleichsam noch die Seele eingehaucht werden. Und von da an wurde unser Chorleiter ein frommer Erzähler und Deuter der Weihnachtsgeschichte. Er stimmte uns darauf ein, dass wir glaubwürdig Bachs Vertonung singen konnten: „Wie soll ich dich empfangen und wie begegn' ich dir?" Wer das wirklich will, wird Mühe und Fleiß in der Vorbereitung auf Weihnachten nicht scheuen. Manche Leute sprechen da sogar von angenehmem Stress.

Energie, die den Menschen erneuert

Schön sauber ist sie ja, aber wenn sie außer Kontrolle gerät, sehen wir alle schlecht aus. Darum lieber keine Atomkraft. Kohle ist auch ein Auslaufmodell. Und beim Öl machen Fachleute schon vage Angaben, wie lange das reichen wird. Wir sehen also in jedem Fall schlecht aus, wenn wir uns nichts Neues einfallen lassen. Bei der Suche nach dem Neuen kommen wir aber erstaunlich oft auf das Alte zurück, auf Sonne, Wind und Wasser. Da scheint die Lösung unserer Energieprobleme zu liegen, weil es sich nicht um Auslaufmodelle handelt, nicht um begrenzte Vorräte, sondern um Elemente, die von Energie nur so strotzen. Es gibt keine verlässliche Berechnung, wann sich diese Energien erschöpfen werden. Also ist Verlass darauf, dass wir unseren Energiebedarf aus diesen Quellen decken können. Erneuerbare Energie ist schon fast so etwas wie ein Zauberwort geworden. Wir wiegen uns in Sicherheit, wenn wir mit einer Energie rechnen können, die unverwüstlich und unerschöpflich alles betreibt, womit wir uns in unserem Erfindungsreichtum umgeben haben. Man könnte den Eindruck haben, es sei alles in Ordnung, wenn die Energiezulieferung klappt.

Als ich kürzlich so einem kleinen Wald von Windrädern entgegenfuhr, kam mir die Frage, ob diese Energie für alles reicht. Nehmen wir sie vielleicht zu wichtig und vergessen dabei, dass es noch ganz andere Energien gibt, von denen wir leben? Es soll Menschen geben, die bei Kerzenschein glücklicher gelebt haben als wir in unserer voll ausgeleuchteten Welt. Klar, wenn es bei uns mal ein bisschen besinnlicher zugeht, spüren wir sehr wohl, dass wir aus Quellen leben, die noch viel wichtiger sind als unsere Stromversorgung. Welche Energie lässt mich leben, wie viel Liebe und Hoffnung braucht der Mensch, um sich nicht bedeutungslos vorzukommen? Welchen Schwung bringen Phantasie und Freude in unser Leben?

Aber was geschieht, wenn solche Energien verloren gehen, wenn der Mensch sich vorkommt wie ausgebrannt? Ja, und genau das war meine Frage im Anblick der Windräder: Müssten die Energien, aus denen wir unser menschliches Leben gestalten, nicht noch viel mehr erneuerbar sein? Denken wir daran, dass sie diese Erneuerung brauchen, und sind wir überzeugt, dass es die auch gibt? Natürlich denken wir daran. Darum machen wir doch Urlaub oder bringen uns durch Wellness wieder in Form. Wir suchen Erholung und erneuern unsere Energien. Der Körper meldet sich meist sehr deutlich, wenn da etwas erneuerungsbedürftig ist. Tut der Geist das auch? Ich denke schon, aber paradoxerweise wirkt da manches eher ratlos, als wüsste der Mensch nicht so recht, was seinem Geist aufhelfen kann, wie da Energie erneuert werden kann.

Mit etwas Aufmerksamkeit lässt sich da allerdings einiges erfahren. Welche Belebung des Geistes geschieht in der Begegnung mit Menschen? Wie kann sich Kraft aufbauen oder erneuern, wenn mir jemand etwas zutraut und ich Verantwortung übernehme? Jemand meinte, das Gebet ist die wirksamste Form der Energie, die wir erzeugen. Ich denke, nicht zuletzt darf auch vom Schweigen die Rede sein, vom Schweigen, in dem ich meine innere Kraft spüre und das Wort höre, von dem es heißt, dass alles durch dieses Wort entstanden ist und im Leben erhalten und erneuert wird.

Erzählen kann die Welt
bewohnbar machen

Es braucht schon etwas Intelligenz, wenn Selbstgespräche nicht langweilig werden sollen. Zum Glück sind wir ja nicht immer auf Selbstgespräche angewiesen. Kontakte regen die Phantasie an, erweitern den Horizont, lassen das Leben um uns spüren. Und daraus entwickelt sich ganz selbstverständlich das Verlangen, von dem zu erzählen, was da im Innern an Erfahrung und Kenntnis gewachsen ist.

Max Frisch hat gemeint: „Es gibt ein Verlangen nach dem Erzählen, weil Erfahrung, die sich nicht abbildet, kaum zu ertragen ist." So ähnlich hat wohl der Seemann empfunden, von dem Gabriel García Márquez erzählt, der über Bord gegangen war und zehn Tage und Nächte auf offener See getrieben war ohne Essen und Trinken. Als er völlig zerschunden und erschöpft am Ufer lag, empfand er ein unbändiges Verlangen, einem anderen zu erzählen, was ihm geschehen war. Aber alle beruhigten ihn nur, pflegten ihn vorsichtig. Seine tiefste Not schien keiner zu erfassen. Márquez meint: „Das Leben ist nicht das, was man gelebt hat, sondern das, woran man sich erinnert und wie man sich daran erinnert – um davon zu erzählen."

Erzählen scheint zum gesunden Leben zu gehören, aber niemand erzählt sich gern selber etwas. Man kann sich selbst was vormachen, aber zum Erzählen brauchen wir den anderen, der zuhört; nicht weil er muss, sondern weil er mich mag. Wirkliches Erzählen braucht eine Intimsphäre, ein bisschen Ruhe und Geborgenheit. Es braucht den Menschen, der ein Ohr für mich hat. Rechtes Erzählen kann für beide Seiten zum Erlebnis werden.

Jemand hat gemeint, Erzählen entspricht der Unfertigkeit des Lebens. Ich erlebe mich dabei in einer Entwicklung. Ich will nicht Recht haben, ich will nichts beweisen, ich will keine Argumente vorlegen. Wie Erzählen geschehen kann, habe ich mal erlebt, als ich an einem Wasserlauf im Gebirge gerastet habe. Zuerst war da nur ein Geräusch. Aber langsam wurde es ein Erzählen, das flach oder hell klang, tief und ruhig oder nervös über Steine hüpfend. Dann fast wütend im Sturz auf einen Felsen, in den sich das Wasser durch Jahrtausende hineingespült hatte. Der Gebirgsbach hat mir etwas von seiner Geschichte erzählt. Ich hätte weghören und ihn mit seinem Geplätscher alleinlassen können. Aber ich hatte bei meiner Rast gerade ein Ohr für ihn und bin damit bei ihm geblieben.

Erzählen ist auch eine Form unseres Lebens, mit der wir uns an die größten Geheimnisse herantasten können. Das zeigt uns besonders deutlich die Heilige Schrift. Jesus selbst hat für seine Botschaft an die

Menschen die Form der Erzählung in bunten und lebensnahen Bildern gewählt. Er hat den Menschen Geschichten erzählt, in denen sie ihr eigenes Leben wiederfinden konnten; mehr noch: nämlich ihre Beziehung mit Gott, ihre Zukunft und ihr Ziel. So entstanden die vielen Vergleiche mit der Natur und den Menschen. Und alle konnten verstehen, wenn da von Sauerteig und Senfkorn die Rede war, vom Sämann, von Unkraut und Weizen. Von diesem Erzählen könnte man sagen, was Siegfried Zimmer im Handbuch für Pädagogik geschrieben hat: „Erzählen schafft sinnvolle Zusammenhänge, die die Wirklichkeit bewohnbar machen."

Es gibt auch den Vorschlag: Lass einen Menschen erzählen, dann fällt die Kompliziertheit von ihm ab. Es gibt allerdings auch das Gegenteil: dass Leute mit ihrem Erzählen Dinge kompliziert machen. Entweder bleiben sie nicht bei der Wahrheit oder sie wollen andere vereinnahmen oder sie für ihr Erzählen als Zuhörer benutzen. John Steinbeck erzählt in seinem Reisetagebuch von der Begegnung mit einem Darsteller auf einer Kleinkunstbühne. Sein Prinzip war: die Leute nicht vereinnahmen, nicht zum Narren machen. Wenn du Respekt vor den Leuten hast, dann arbeiten sie mit dir. Dann kannst du ihnen alles erzählen und sie verstehen dich.

Bei einer Aussage, die vielleicht ein bisschen zu viel nach Altersweisheit klingt, bin ich skeptisch: „Wir schulden den Jüngeren das Erzählen unseres Lebens."

Wollen die das hören? Paulus hat seinem Schüler zwar gesagt, „auch wenn sie es nicht hören wollen". Vielleicht gibt es Verständigung, wenn das gelingt, was Peter Handke meinte: „Nicht prophezeien, aber erzählen wie ein Prophet."

Es wird so viel zerredet

Der Mensch braucht ein Festgewand. Damit will er zeigen, dass nicht alle Tage gleich sind. Wer ein Festgewand anzieht, der fühlt auch nach innen, dass da etwas Besonderes ist. Die festliche Kleidung ist so etwas wie ein Symbol, ein Zeichen für etwas, was man nicht gleich auf den ersten Blick sehen kann. In der Sprache der Bibel oder bei der Taufe ist sogar die Rede davon, dass der Mensch mit einem Gewand den neuen Menschen anzieht. Da könnte man jetzt sehr viele Worte machen, was das alles bedeutet. Aber man lässt es bei wenigen Worten, weil es eben ein Zeichen gibt, zum Beispiel das festliche Gewand, das mehr sagt, als Worte ausdrücken können.

Man kann heute eine wachsende Vorliebe für solche Zeichen und Bräuche feststellen. Das mag durchaus damit zusammenhängen, dass wir in einer redseligen Zeit leben, auch in der Kirche. Vielleicht sind einige Leute davon überzeugt, dass sie dem vermeintlichen Glaubensschwund mit endlosen Erklärungen begegnen müssen, weil doch so vieles unklar geworden ist oder in Vergessenheit geraten ist. In diesem Zusammenhang denke ich an den Jungen, der aus dem Gottesdienst kam und von der Mutter gefragt wurde, wie es denn war. Er meinte darauf: „Es wurde so viel geredet, ich konnte gar nicht schauen!"

So ähnlich hat das wohl schon hundert Jahre vorher der Dichter Rainer Maria Rilke empfunden, wenn er kurz und bündig meinte: „Symbole her, es wird alles zerredet!" Eine solche Forderung nach Symbolen klingt natürlich etwas salopp, als könnte man sie auf Wunsch herbeizitieren, um das überflüssige Reden einzudämmen. Aber Tatsache ist wohl, dass es diese Symbole gibt, die eine tiefe Wirkung haben, die mehr sagen als Worte und die vor allem einen großen Respekt ausdrücken vor Geheimnissen. Man könnte sagen: Für einen gläubigen Menschen haben Symbole die Kraft, das Sichtbare mit dem Unsichtbaren zu verbinden.

In diesem Sinn wird auch davon gesprochen, dass „Symbole eine Art Muttersprache der Religion und der Seele sind" (Markus Bruderer). Und diese Muttersprache wird von viel mehr Menschen verstanden, als mancher sich vorstellt, der meint, er müsse jeden Ritus und jede Geste lang und breit erklären. Manche Erklärungsversessenheit führt eher dazu, dass Menschen daran gehindert werden, ihr eigenes Gespräch aufzunehmen mit dem, der hinter allen Zeichen steht. Aber gerade darum geht es, wenn gesagt wird, der Mensch selber ist Symbol, er sucht nach seinem Ursprung: Woher komme ich, wer bin ich, wohin gehe ich? In diesem Sinn ist es sehr treffend zu sagen: Symbole sind die Fußspuren Gottes in unserer Welt. Sie helfen uns, die leise Ahnung zu bewahren, dass wir „noch woanders hingehören und von woanders herkommen" (Heinrich Böll).

Fair und nett im Internet

Man sollte so anständig bleiben wie im normalen Leben. Damit endete ein Kommentar, der sich mit den Bosheiten und menschenverachtenden Frechheiten im Internet beschäftigte. Die Möglichkeit, die Person auf der anderen Seite nicht zu sehen und selber im Dunkeln zu bleiben, scheint die Hemmschwelle im fairen Umgang miteinander erheblich abzusenken. Aber wie ist es denn im erwähnten „normalen Leben"? Mord und Totschlag, Verleumdung und Hasstiraden hat es ja auch schon vor dem Internet gegeben. Ja, aber es gab auch eine Reihe von Spielregeln, die anerkannt wurden und auf die man sich berufen konnte. Anonyme Beschimpfung war nicht so etwas wie ein gesellschaftlich anerkannter Wert. Und es war auch keine Schande, Formen der Achtung und Wertschätzung im Umgang miteinander zu lernen. Es musste nicht jeder den Herrn Knigge kennen, aber seine Ratschläge für angebrachtes Benehmen waren verbreitet und haben nicht nur beim Fischessen geholfen, sondern auch beim Vorstellungsgespräch bei der Jobsuche. Wie man sich wo wie benimmt, dafür gab es eigentlich immer anerkannte Regeln. Manchmal waren die so ausgefeilt, dass man als Nichtprofi fast alles nur falsch machen konnte.

Den Eindruck hatte ich allerdings nicht, als ich kürzlich einige Tage hintereinander im Buch Jesus Sirach im Alten Testament gelesen habe. Da hat ein Weisheitslehrer 200 Jahre vor Christus in durchaus verständlicher Sprache aufgeschrieben, was ihm wichtig schien im Umgang mit Gott, mit den Mitmenschen und mit sich selbst. Seine Überlegungen haben über viele Jahrhunderte anscheinend ihre Gültigkeit nicht verloren. Es stimmt doch auch heute noch, dass Leute nicht genau hinschauen, wenn sie Geld anhäufen wollen. Und bei manchen Glücksversprechen wird man auch heute noch sagen können, da kauft jemand billig ein und muss dann doch siebenfach bezahlen.

Weil es noch kein Fernsehen gab, beschäftigen sich viele Bemerkungen mit dem Reden. Da soll man sich erst gut informieren, bevor man antwortet. Wer Gerede verbreitet, ist ohne Verstand. Wer Geheimnisse verrät, zerstört das Vertrauen. Und wenn einer es für angebracht hält zu schweigen, muss er nicht befürchten, dass es ihn zerreißt. Und nicht jeder, der schweigt, gilt als unwissend, sondern wartet auf den rechten Augenblick. Wenn Ältere das Wort ergreifen, sollen sie sich kurz fassen und nicht zur Unzeit den Weisen spielen.

Was damals wie heute auffallend gleich ist, ist die Sorge um Gesundheit und Wohlergehen. „Besser arm und gesunde Glieder als reich und mit Krankheit geschlagen" (30,14). Weitere Anregungen zum glücklichen Leben sind: „Überlass dich nicht der Sorge, schade dir nicht selbst durch dein Grübeln. Herzensfreude ist Leben für den Menschen, Frohsinn verlängert ihm die Tage. Überrede dich selbst und beschwichtige dein Herz, halte Verdruss von dir fern. Neid und Ärger verkürzen das Leben. Kummer macht vorzeitig alt" (30,21–24). Das alles führt aber nicht dazu, dass jemand auf Sparflamme lebt. Wenn jemand sich nichts gönnt, erwartet man nichts Gutes von ihm. Nur sollte er kein Fresser und Säufer sein. Viele sind schon zu Fall gekommen, wenn sie beim Wein den starken Mann spielen wollten.

Durchaus aktuell dürfte für heute auch die Warnung vor der Flut von Reklame sein: „Hüte dich vor dem Ratgeber! Erforsche zuerst, was seine Absicht ist. Denn auch er denkt an sich selbst" (37,8). Und wenn man sich schon berät, sollte man nicht mit einem Geizhals über die Liebestätigkeit oder mit dem Faulen über die Arbeit reden. Und immer richtig beraten ist man, wenn man auf den Rat des Gewissens achtet. Niemand ist dir treuer als das Gewissen.

Eine Sache möchte ich am liebsten gar nicht erwähnen, weil sie so erschreckend aktuell klingt, wenn man an bestimmte Vorbehalte den Flüchtlingen gegenüber denkt. Da heißt es: „Nimmst du den Fremden auf, entfremdet er dich deiner Lebensart; er entzweit dich mit deiner Familie" (11,34). Da hat man den Eindruck, dass der Weise des Alten Testaments in einer Minderheit lebte, die sich vor Überfremdung schützen musste. Aber dann soll man auch wieder für den Nächsten einstehen, so gut man kann. Doch soll man auf der Hut sein, dass man nicht hereinfällt.

Nach vielen klugen Anregungen ist dann die Rede von dem, was für alle Menschen am nötigsten gebraucht wird: „Wasser, Feuer, Eisen und Salz, kräftiger Weizen, Milch und Honig, Blut der Trauben, Öl und Kleidung" (39,26). Das brauchen wir auch alles und noch ein bisschen mehr. Aber dazu haben wir noch einiges, was wir eigentlich gar nicht brauchen und bald wieder entsorgen. Das Internet gehört wohl nicht dazu. Das dürfte mit seinen vielen Möglichkeiten der Kommunikation eine sichere Zukunft haben. Hoffentlich finden wir auch noch die Spielregeln, dass wir uns im Netz als Mitmenschen treffen.

Farben sind die Freude der Augen

Blau und Grün, das geht doch nicht zusammen. Ich habe es noch im Ohr von meiner Mutter. Sie sagte es, wenn wir uns als Kinder bisweilen etwas eigenwillig ausstaffiert hatten. Sie hatte Erfahrung. Sie hatte als Verkäuferin in einem Bekleidungsgeschäft gearbeitet. Sie musste es wissen, was geht und was nicht geht. Aber immer, wenn ich mich dann in der Natur umschaute, kamen mir leise Zweifel. Wie die Natur die Farben zu mischen verstand, war eine ganz neue Erfahrung. Da gab es eben nicht nur Blau und Grün, sondern eine ganze Fülle von jeder dieser Farben, und sie passten wunderbar zusammen.

Aber ich erinnere mich auch noch an Zeiten, da konnte man sich aus Farben nicht viel machen. Da ging es nicht darum, welches Hemd zur Hose passte. Da zog man an, was man hatte. Und weil es vielen Leuten so ging, ist das gar nicht aufgefallen, ob eine Farbe zur anderen passte. Überhaupt war es eine Zeit, in der vieles grau in grau war. Es gab einige Ausnahmen in Weiß, Ärzte und Tennisspieler. Farben waren eher selten. Wenn Häuser wieder aufgebaut wurden, war es wichtiger, dass sie noch einen Verputz bekamen und nicht eine Farbe. Wo sich etwas in der Öffentlichkeit farbig und bunt darstellte, konnte es in die Kritik geraten und als wirklichkeitsfremd oder luxuriös empfunden werden. In seinem Roman „Und sagte kein einziges Wort" schildert Heinrich Böll eine Prozession, in der viel Farbe zur Schau getragen wurde. Für den Betrachter war es „das bunteste, was ich je gesehen hatte", und er wunderte sich, dass sich die Leute nicht lächerlich vorkamen.

Das haben wohl manche auch noch gedacht, als man die Farblosigkeit leid war und farblich alles erlaubt war, was dann auch schon mal zum Ausspruch führte: „Der läuft ja rum wie ein Pfingstochse." Der Umgang mit Farben wollte eben auch gelernt sein. Vielleicht musste die Freude an den Farben erst wieder entdeckt werden. Und nicht nur die Freude, sondern auch die Bedeutungen, die mit ihnen verbunden wurden und schon eine lange Geschichte hatten. Von vielen Reisenden, die es in den Süden zog, wird gesagt, dass nicht so sehr geographisches oder touristisches Interesse im Vordergrund stand, sondern die Freude an den Farben im Licht der südlichen Sonne. Goethe hat Italienreisen gemacht. Er hat nicht nur Gedichte, Dramen und Romane geschrieben, sondern auch eine umfangreiche Farbenlehre. Seine Überzeugung: „Die Menschen empfinden im allgemeinen eine große Freude an der Farbe. Das Auge bedarf ihrer, wie es des Lichtes bedarf."

Mit Farben hat man nicht nur Empfindungen ausgedrückt, sondern auch Überzeugungen, Privilegien oder elitäre Machtansprüche. In Frankreich gab es

Zeiten, wo niemand sich rot kleiden durfte außer dem König. Und Rot scheint ja auch in Kirchenkreisen keine bedeutungslose Farbe zu sein. Blau war in der Malerei des Mittelalters die bevorzugte Farbe für den Mantel der Gottesmutter. Und von Picasso, dessen Schaffen nicht nur eine blaue Periode hat, kennt man auch das bekannte Bild in Grau, mit dem er das Grauen der bombardierten Stadt Guernica überliefert hat.

Farben sind eben nicht nur Farben. Sie hellen nicht nur unser Lebensgefühl im Frühling auf, wenn die erwachende Natur uns mit der Pracht von Blüten und Blättern verwöhnt. Mit Farben verbinden wir auch unsere politische Parteizugehörigkeit und lassen uns von farbigen Ampeln und Schildern im Straßenverkehr dirigieren. Besonders schön ist es, wenn Farben sich mit Stille verbinden. Dafür sind Kirchen der richtige Ort. Kirchenfenster sind farbenprächtige Lesebücher für die Freude an Gott in den Farben seiner Schöpfung. Auf Gottes Liebe zu einer farbenfrohen Welt wird gern hingewiesen durch den Regenbogen, unter dem Gott seinen Bund mit den Menschen geschlossen hat. Und in einem Synodenbeschluss aus dem Jahre 692 wird dringend empfohlen, „das Vollkommene mit Farben vor Augen zu stellen".

Frisches von heute kann morgen noch gut sein

„Gutes von gestern" – gibt es das? Also die Zeitung kann es nicht sein, denn von der sagt man: Es gibt nichts Älteres als die Zeitung von gestern. Und der Schnee von gestern steht auch nicht im Ruf, besonders gut zu sein. Keiner trauert ihm nach. Aber es muss so etwas geben, Gutes von gestern. Ich habe es groß und breit über einem Schaufenster gelesen. Leider war ich etwas schnell unterwegs. Aber ich konnte noch erkennen, dass da ein zweites Schaufenster war. Ich phantasiere jetzt mal, was wohl darübergestanden haben könnte: „Frisches von heute". Es war ein Bäckerladen, in dem die Überzeugung vorherrschte, dass das Brot von gestern durchaus noch etwas Gutes sein konnte.

Es gibt genug Leute, denen das Brot von gestern nicht nur gut genug, sondern tatsächlich gut ist. Manche vertragen es gar nicht anders, andere müssen rechnen und freuen sich, dass das Brot von gestern nicht nur gut, sondern auch noch etwas billiger ist. Und wer sich im Haushalt auskennt, weiß auch, dass die Wertbeständigkeit des Brots davon abhängt, wie man es aufbewahrt. Man kann auch mit Brot liebevoll umgehen. Wahrscheinlich werden sich viele Leute auch noch an die Zeit erinnern, da man froh gewesen wäre, wenn man überhaupt Brot bekommen hätte, ob von gestern oder vorgestern. Und für viele Menschen auf der Welt ist das heute noch so.

Brot von gestern kann durchaus seine Qualität haben. Aber dieses „von gestern" kann schnell auch bedeuten: Da ist etwas überholt oder hinter dem Mond. „Der ist von gestern" genügt, um sich eine sinnvolle Auseinandersetzung mit jemandem zu sparen. „Das sind Ansichten von gestern" scheint oft zu allen möglichen abstrusen Neuheiten zu berechtigen. Zum Glück hat aber das Leben seine eigene und durchaus auch zwingende Logik. Da wird dann wie selbstverständlich Frisches von heute und Gutes von gestern zusammengebracht. Ich denke an den Familienvater, der meinte: Was habe ich oft herumkritisiert an Ansichten und Aussprüchen meiner Eltern, die für mich von gestern waren. Und heute sage ich meinen Kindern manches wie selbstverständlich weiter. Es steckt darin das Gute von gestern.

Es ist natürlich nicht so, dass alles von gestern gut war, auch wenn es Leute gibt, die sich das nicht anders vorstellen können. Wenn vom Guten von gestern die Rede ist, kann man ja durchaus auch mal nachfragen, was das Gute von gestern denn aus Menschen und Zuständen von heute gemacht hat. Da gibt es wahrscheinlich genug Bedarf an Frischem von heute. Es wäre nur gut, wenn wir da nicht zu leichtgläubig werden, wenn uns die Werbung das Neueste immer auch als das Beste verkaufen will.

Und dann gibt es ja unterschiedliche Bereiche, wenn wir vom Frischen von heute und vom Guten von gestern reden. Was unsere Gebrauchsgegenstände angeht, da sind wir sicher dankbar für manche Neuerung. Wenn wir von den Werten unserer Gesellschaft sprechen, entpuppt sich manche Neuerung eher als moralischer Verschleiß. Der ehemalige Bundespräsident Richard von Weizsäcker meinte, wir seien in Gefahr, eine umfassende Konsumgesellschaft zu werden. Dabei würden wir auch Werte verbrauchen, die für das Zusammenleben in der Gesellschaft wichtig sind. Werte erhalten sich nicht von selbst. Wenn sie ihre Kraft behalten sollen, müssen sie angereichert werden, indem sie mit Überzeugung gelebt werden. Was als gut erkannt wird, auch wenn es von gestern ist, kann durchaus Zukunft haben und dem Leben dienen.

Gläubig wird man nicht von Lehrsätzen

Selbstbewusstsein kann nicht schaden. Aber wenn ich jemanden für etwas gewinnen möchte, braucht es „demütiges Selbstbewusstsein". Die Formulierung stammt von Bischof Wanke. Sie ergab sich aus dem Kontakt mit einem Menschen, der auf der Suche war, der von sich sagte, er habe vierzig Jahre lang so gut wie nichts von Religion und Kirche gewusst. Aber ein waches Interesse habe es immer gegeben. Zu diesem wachen Interesse gehörten wie selbstverständlich Besuche von Kirchen. Und da waren es die vielen Symbole und Bilder, die wie Wegzeichen die Geschichte glaubender Gemeinden erzählten. Sie hatten nichts Zwingendes, sie waren Anregungen zu eigenen Bildern und zur geistlichen Spurensuche.

Eher enttäuschend waren die gelegentlichen Besuche von Gottesdiensten. Die gesuchte Nähe entstand erst in einem kleinen Kreis, der sich zu besinnlichen Tagen in einem geistlichen Zentrum traf. Da durfte man ohne Scheu ein Suchender sein. Ein Suchender setzt etwas vorsichtig seine Schritte, so als müsste er Neuland betreten. Aber niemand nimmt es ihm übel, dass er tastend den Weg sucht. Im Grunde geht es doch allen so, die ihr Leben aus dem Glauben heraus gestalten wollen. Das schafft man nicht mit Lehrsätzen. Die können schnell entgleiten. Manchmal sollen sie einen anderen von dem überzeugen, was für mich fraglich geworden ist. Und die Gefahr der Rechthaberei ist nicht klein. Es ist eine Wohltat, wenn man im kleinen Kreis mit allem angenommen wird, was einen innerlich beschäftigt. Darin erkennen sich dann auch andere oft wieder und haben den Mut, sich so wichtig zu nehmen, wie Gott sich das gedacht hat. „Demütiges Selbstbewusstsein" kann ein guter Leitfaden für Verständigung und gute Gespräche sein.

Bei seinem Besuch in Sarajewo hat Papst Franziskus zu solchen Gesprächen über Glaubensgrenzen hinweg eingeladen und ermutigt. Aber er hat es mit einem entscheidenden Akzent getan, wenn er sagte: „Ohne eine voll entwickelte Identität kann der Dialog nutzlos und schädlich werden." Ohne einen eigenen klaren Standpunkt wird aus Gesprächen wenig für Klärung und Verständigung herauskommen. Je klarer der eigene Standpunkt ist, desto demütiger kann man von da aus mitreden. Ein demütiges Selbstbewusstsein muss nicht ständig auf der Lauer liegen und sich zur Wehr setzen. Es kann zuhören, ohne verunsichert zu werden. Es ist vom Leben erprobt und hat sich bewährt. Es ist Überzeugung geworden, die sich zeigen kann, ohne zu bedrängen oder Recht zu behalten.

Papst Franziskus sagt, dass eine solche christliche Grundhaltung mit dem Leben wächst. Wir müssten einen langen Weg zurücklegen, bis unsere christliche Identität so gefestigt sei, dass wir von ihr Zeugnis ablegen könnten. Da kann man auch im Alter noch erstaunlich viel dazulernen für das Bekenntnis: Ich bin ein Christ. Darin kann dann schon ein gesundes Selbstbewusstsein stecken. Aber wenn daraus ein Zeugnis werden soll, kann es nicht demütig genug sein. Am „demütigen Selbstbewusstsein" wird gespürt, dass jemand etwas weitergeben möchte, was er oder sie selbst als Geschenk oder Gnade empfangen haben. So sind immer wieder Menschen in die Gemeinschaft der Glaubenden gekommen.

Heiterkeit, die von Gott kommt

Wer ein schönes Bild hat, zu dem kommen viele Menschen. – So heißt es in einem chinesischen Sprichwort. Viele schöne Bilder gibt es in unseren Museen. Sie finden nicht immer die gebührende Aufmerksamkeit, aber bei den Museumsnächten ist man doch überrascht, wie viele Menschen diese Gelegenheit nutzen, um schöne Bilder zu sehen. Eine besondere Schatztruhe von Bildern sind wohl auch die Kirchen. Und seit frühen Zeiten haben Bilder darin die Aufgabe, etwas zu veranschaulichen. Sie wollen nicht nur farbige Fenster sein, sondern eine lebenswichtige Botschaft vermitteln. Man könnte sagen, sie wollen eine Bilderbibel für die Gläubigen sein.

Das war nicht immer einheitliche Überzeugung, denn wir kennen auch Zeiten und Bewegungen, in denen Bilder gestürmt wurden. Die Reinheit des Glaubens sollte darin zum Ausdruck kommen, dass man auf Bilder verzichtete, weil sie nicht sichtbar machen konnten, was im Grunde unsichtbar war. Der Glaube sieht eben nicht. Andere sagen, er sieht anders, besser und weiter. Er sieht über den Horizont hinaus.

Wir haben uns in unseren Kirchen an die Bilder unseres Glaubens so gewöhnt, dass wir sie nicht missen möchten. Und dass es so viele unterschiedliche Darstellungen unserer Glaubensgeheimnisse gibt, zeigt ja auch, dass es keine Festlegung gibt, was in bildlichen Darstellungen allein gültig ist. Wir haben Augen, die gerne schauen, und wir haben Phantasie, die sich gern vorstellt, wie etwas sein oder aussehen kann. Wenn wir aber von Bildern des Glaubens sprechen, dann gibt es einen roten Faden für die Inhalte des Glaubens, die auch immer so etwas wie Erinnerung brauchen. Von Glaubenserneuerung ist auch die Rede. Es soll wohl nicht darum gehen, mal wieder etwas Neues zu glauben. Es geht wohl eher darum, neu zu glauben. Da geht es um eine Grundhaltung des Lebens. Christen haben die Gelegenheit, an dieser Grundhaltung in einer verlässlichen Gemeinschaft zu arbeiten, nämlich der Kirche. Aber in dieser Gemeinschaft bleiben alle Originale. Jeder Mensch findet seinen ganz eigenen Weg zu Christus und jeder lebt seinen Glauben auf ganz einmalige Weise. Kardinal Volk hat einmal gesagt: „Wir glauben nicht als eine Kompanie, wir glauben alle ganz persönlich." Und das heißt wohl auch: Wenn wir eine Gemeinschaft der Glaubenden sein wollen, dann brauchen wir Respekt voreinander. Und dann werden wir nicht zuerst über unseren Glauben miteinander streiten, sondern aufeinander hören, was wir einander über unsere persönlichen Erfahrungen mit Gott zu sagen haben. Und in allem wird eine große Freiheit und Unverfügbarkeit sein.

In einer nachdenklichen Überlegung wurde angeführt, wie oft und schnell in der Öffentlichkeit von der Macht der Kirche die Rede ist; was sie alles bestimmen will, wo sie überall einwirkt. Aber dann kam die überraschende Erkenntnis: Im Kerngeschäft ist die Kirche bestimmt von der Ohnmacht. Sie kann keinen Glauben machen, keinen Glauben verordnen. Wer glaubt, kann das nur in völliger Freiheit und ganz persönlich tun. Die Ohnmacht in Glaubensdingen hat sich in der ganzen Kirchengeschichte nicht verändert. Jeder Mensch glaubt mit seinen eigenen Erfahrungen, Motivationen und Zielvorstellungen. Und jeder wird dabei begleitet von seinen eigenen Fragen und Zweifeln. Aber das ist doch sicher nichts Neues. Man könnte sagen: Aus jedem Zweifel wächst die Neugier, sich neu auf den Weg zu machen und den Glauben besser kennenzulernen. Der Zweifel gehört zum Glauben und zeigt vor allem, dass jemand sich fragt, wie ein endliches Leben mit dem unendlichen Gott in Kontakt sein kann. Das ist ja keine persönliche Erfindung, sondern offenbarte Wirklichkeit, die ich nur im Glauben annehmen kann. Da fallen Entscheidungen, die mir niemand abnehmen kann, die ich auf eigenes Risiko fälle, erprobe, hinterfrage, mit meinem Leben in Einklang bringe. Mit meinen Erfahrungen kann ich das Gespräch mit anderen suchen, aber ich kann keinem sagen, so muss man es machen. Auch da wird diese Ohnmacht spürbar, eigentlich so ähnlich wie bei allem, was wir für richtig und gut halten und anderen dringend ans Herz legen und weitergeben möchten. Darum werden wir auch ein bisschen vorsichtig sein mit der Aufgabenstellung: den Glauben weitergeben! Treffender scheint da die Formulierung: den Glauben bezeugen! Da stehe ich aus Überzeugung für etwas ein. Im Glaubenszeugnis liegt eine klare Absichtslosigkeit und auch die Überzeugung, dass etwas Lebenswichtiges nur auf diesem Weg der Ohnmacht vermittelt werden kann. Im Grunde heißt das doch, dass ich mit der Kraft göttlichen Geistes rechne, der die Brücke schlägt, der in einem Menschen dieses Samenkorn Glaube pflanzt und zur ganz persönlichen Entfaltung bringt. So entsteht Glaube als liebevolle göttliche Handarbeit. Papst Johannes XXIII. hat gemeint: „Glauben – das ist die Heiterkeit, die von Gott kommt."

Herr, gib uns Mut zum Hören

Wer bei den Schwestern von Eibingen in die Kirche kommt, wird von einer ausdrucksstarken Figur empfangen. Man muss sie nicht schön finden. Jemand nannte sie faszinierend, mit einer klaren Botschaft: Sie legt den Finger auf den Mund. Man könnte an die zwei Männer denken, die sich unterhielten. Sagt der eine: Mir fällt das Glauben so schwer. – Meint der andere: Hast du es schon mal mit dem Hören versucht? – Das ist natürlich ein bisschen salopp dahergesagt, aber vielleicht wird das leicht vergessen: Der Glaube kommt vom Hören. „Höre, Israel" ist die Aufforderung an das Volk Gottes, wenn es Kontakt zu seinem Gott aufnehmen wollte. Und diese Aufforderung zum Hören geht wie ein roter Faden durch die Texte im Alten Testament, weil Gottes Wort auch immer wieder auf taube Ohren und verhärtete Herzen trifft. Es ist so, als müsste das Hören immer wieder neu gelernt werden. Es scheint sich etwas zu sträuben, wenn nicht eine freundliche Aufnahmebereitschaft für das Wort hinzukommt. Jesus bringt es auf den Punkt, wenn er sagt: Zum Hören gehört ein offenes Herz. Und dieses offene Herz wird ein Mensch nicht haben, wenn er sein Gegenüber nicht schätzt. Jesus sagt von seinen Worten, dass man sie nur hören und festhalten wird, wenn man ihn liebt und ihm Vertrauen schenkt. Die Ohren sträuben sich, wenn das Herz nicht mitmacht. Von Liebenden sagt man, dass auch leise Worte bei ihnen nicht verlorengehen. Da, wo wir lieben, hören wir ganz anders.

Aber damit soll nicht gesagt sein, dass liebevolles Zuhören schon an allem Anfang steht. In einem unserer Lieder aus dem Neuen Gotteslob singen wir: „Herr, gib uns Mut zum Hören" (448,1). Das kann bedeuten, dass man sich zunächst auch mal auf etwas einlässt, was nicht schon so klingt, wie man es immer schon gewohnt ist oder gerne hört. Aber solcher Mut ist keine Waghalsigkeit, bei der man nicht weiß, auf wen man da hört. Im alten Gotteslob gab es noch ein Lied, in dem von den vielen Schwierigkeiten des Hörens gesungen wurde. „Auf wen sollen wir hören?" Und dann folgten die Stimmen von Lügen und falschen Versprechungen, die es einem gläubig suchenden Menschen nicht leicht machen, auf die einzig richtige Stimme zu hören.

Es wird gern darauf hingewiesen, dass am Anfang allen Menschenlebens wie selbstverständlich das Hören steht. Noch bevor das Sehen eine Rolle spielt, hört das Kind im Leib seiner Mutter deren Stimme, nimmt den Ton auf und scheint ihn wiederzuerkennen, wenn es das Licht erblickt. Unersetzbar ist der Trost, der für ein Kind in der Stimme der Mutter liegt. Und für ein ganzes Leben lang ist das Hören ein großes Geschenk. Schmerzlich empfunden wird jede Art von Taubheit, weil sie uns belebende Kontakte in der Gemeinschaft erschwert. Nach dem „Mut zum Hören" wird in unserem Lied allerdings auch gesungen: „Herr, gib uns Mut zum Schweigen" (448,2). Da bekommt das Gehörte den Raum, in dem es angeeignet werden kann. Es bekommt seine Bedeutung für mich, auch wenn das nicht ohne innere Auseinandersetzungen geschieht.

In Meditationskursen wird gerade das Schweigen immer als sehr wohltuend empfunden. Viele würden sich diese Erfahrung auch bei anderen Gelegenheiten wünschen, wie zum Beispiel bei der Eucharistiefeier. Da möchten die Ohren manchmal nicht mehr mitspielen, wenn ein Vorsteher der Feier aus vermeintlicher Kreativität heraus glaubt, Texte ständig ändern zu müssen. Es gibt sehr einfache Worte, die nichts von ihrem Wert verlieren, wenn sie wiederholt werden. Sie haben die Lebenskraft eines Brunnens, aus dem wir täglich schöpfen können, ohne ihn auszuschöpfen.

Was Ohren und Herz auch nicht sonderlich schätzen, sind überflüssige Worte. Vielleicht hat es diese Versuchung schon in den frühen Christengemeinden gegeben. Eine Stelle im Jakobusbrief könnte darauf hinweisen. Da wird geraten, dass es nicht zu viele Lehrer geben sollte (Jak 3,1). Und dann gibt es da einen durchaus bemerkenswerten Tipp von Mark Twain. Er hatte sich als Engländer sehr gründlich mit der deutschen Sprache beschäftigt und fand sie schrecklich. Aber unerträglich war für ihn, dass Leute den Mund nicht zumachten, wenn sie gesagt hatten, was sie sagen wollten.

Kinderkirchenführung

Das war wohl die Stunde von Oma und Enkel, aber auch von Mutter und Kind und auch von Vater und Kind. Sie alle waren fast gleichzeitig in einer Kirche, in der es viel zu sehen gab, weil die Menschen nie aufgehört hatten, mit viel Phantasie den Glauben anschaulich zu machen. Hinter einer Säule saß eine Mutter mit Kind, das nur ganz selten mit einem leisen Piepser seine Anwesenheit verriet. Weit vorn am Chorraum saß Vater mit Kind. Eigentlich ein Platz, an den sich Männer in dieser Gegend nicht so leicht vorwagen. Im Kinderwagen lag ein durchaus zufriedener Bub. Vater hatte wegen des Regens eine Plastikhaut über den Wagen gezogen. Dem Kleinen machte es Spaß, mit Füßen und Händen die Regenhaut zum Knistern zu bringen, als würde er sich in einer Wurstpelle bewegen. Vater schien den Eindruck zu haben, dass er bei diesem Spiel seines Buben nicht gebraucht wurde, und beschäftigte sich mit seinem Handy.

Und dann kam Oma mit Enkel im Kinderwagen, fuhr den Kleinen zur Muttergottes und zündete ein Licht an. Leise erzählte sie dem Kind, worauf es mit dem Finger zeigte. Manchmal musste Oma den Kopf kräftig recken, weil der Kleine im Liegen schöne

Dinge sah, die hoch oben am Kirchengewölbe waren. Als Oma dachte, jetzt sei es wohl Zeit zum Gehen, schob sie den Kinderwagen in Richtung Ausgang. Aber der Kleine war gar nicht so damit einverstanden, dass die Besichtigung schon zu Ende sein sollte. An der Kirchentür stieg er aus dem Wagen, hielt sich entschlossen an seinem Schnuller fest und machte sich auf den Weg durch die Kirche.

Und jetzt zeigte er Oma, was ihn alles interessierte. Zum Glück war Oma in ihrer Kirche gut zu Hause und konnte ihrem Enkel die Fragen nach Gott und allen Heiligen so beantworten, wie ein Mensch das eben kann. Nach dem Kontakt mit dem heiligen Sebastian, dem heiligen Nikolaus und den Evangelisten an der Kanzel gab es natürlich auch noch den Kontakt mit den anderen Kindern, die zur gleichen Zeit in der Kirche waren. Und natürlich kamen sich dabei auch die Erwachsenen näher. Zum Schluss aber wurde dann noch ausgiebig die Akustik der Kirche getestet. Eine durchaus beliebte Entdeckung für Kinder. Hoffentlich behalten sie diesen Mut, in der Kirche den Mund aufzumachen.

Leben ist kein Stillleben

Da muss man eben gegen den Strom schwimmen. – Das kann man schon mal hören, wenn Leute den Eindruck haben, der Zeitgeist bewege sich in die falsche Richtung und man müsse unbedingt etwas dagegen tun. Ich frage mich, wie hilfreich oder realistisch ein solches Unternehmen sein kann, das im Schwimmen gegen den Strom bestehen soll. Vor einigen Monaten ist jemand den ganzen Rhein hinuntergeschwommen – bis zur Mündung. Wäre er gegen den Strom geschwommen, wäre er heute noch unterwegs oder hätte es längst aufgegeben, den Anfang des Stroms zu erreichen.

Ich versuche einmal, das Bild vom Fluss aufzugreifen, um zu erfahren, was es über Leben, Welt und Wirklichkeit mitteilen kann. Die Anregung dazu kommt unter anderem von dem griechischen Philosophen Heraklit, der 500 Jahre vor Christus gelebt hat. Seine Welt- und Lebensbetrachtung hat er in die kurze Formel gefasst: „panta rhei" – „alles fließt". Für ihn war der Fluss ein Bild für die Verschiedenheit der Schöpfung, die in ihrer Fülle doch eine gottgewollte Einheit bildet. Ständig wechselt das Wasser und bleibt doch derselbe Strom. Und es gibt kein Zurück. Man kann sich für die Quelle und den Ursprung interessieren, aber der Strom kehrt nicht dahin zurück. Mit einem kleinen Anfang macht er sich auf den Weg und ist darauf aus zu wachsen. Er sammelt auf seinem Weg Nebenflüsse ein, die noch gar nicht wissen, worauf sie sich da einlassen. Mit allem, was sich da im Strom mischt, nimmt er schnell oder langsam den Weg auf die Mündung zu.

Wenn ich mir Leben und Wirklichkeit so vorstelle, wird mir das Schwimmen gegen den Strom durchaus fragwürdig. Natürlich gibt es so etwas wie Innehalten und das Wahrnehmen von Zeitströmungen, die eine Korrektur brauchen, aber die Korrektur kann nur da geschehen, wo das Leben fließt. Jemand hat gemeint: Wenn du etwas ändern willst, kannst du dich nicht in der Gegenrichtung absetzen, du musst in den Strom. Da kann man dann schnell die abwertende Formulierung hören: also mitschwimmen. Aber der Strom hat keine andere Richtung, und mit Schwimmen gegen den Strom würden Kräfte an der falschen Stelle vergeudet. Wenn alles fließt, ist mitschwimmen eigentlich durchaus natürlich. Vielleicht sollte man besser sagen: schwimmen im selben Strom. Sonst könnte man auf die Idee kommen, dass jemand zu gerne ein Reich nach eigenen Spielregeln aufbauen möchte, mit dem man sich dem Gezänk der Welt oder dem Strom des Lebens entziehen möchte. Aber der Strom ist nun mal das Schicksal für alle. Und wie sich Wasser und Meinungen auch mischen, allen ist gemeinsam, dass das Leben im Fluss bleibt, dass sich ständig etwas verändert. Keiner kann sich entziehen.

Allerdings wäre es zu billig, nur zu sagen, dass man da einfach mitmachen muss. Es geht darum, mitzuleben, Leben zu teilen und zu spüren, wie sich das anfühlt für andere. Das muss nicht bedeuten, dass sich alle immer zur gleichen Zeit nur glücklich fühlen. Auf einem Kalenderblatt las ich: Gott gab uns die Wirklichkeit, um darin zu leben; und die Phantasie, um sie zu ertragen (Ilona Bodden). Ich denke, mit unserer Phantasie laufen wir auch immer ein Stückchen hinter dem her, was Gott mit seiner Schöpfung machen will. Der Strom des Lebens ist niemals langweilig, da ist ständige Entwicklung.

„Leben ist kein Stillleben", hat Oskar Kokoschka mal bemerkt. Die Schöpfung ist noch nicht fertig. Gott ruhte am siebten Tag, aber er hat nicht aufgehört, Schöpfer zu sein und alles im Strom der Zeit der Vollendung näherzubringen. So gibt es auch für uns Ruhetage, aber eben auch dieses Mitwirken in allem, was sich im Strom des Lebens regt und in die Zukunft will. Es gibt kein Zurück nach Eden. Wir leben jenseits von Eden, wie es in dem großen Roman von John Steinbeck heißt. Aber als Christen können wir sagen: Wir leben nicht jenseits der Hoffnung. Im Strom des Lebens ist ständige Veränderung, aber kein Chaos, auch wenn Menschen zeitweilig dafür sorgen. Es bleibt die Faszination, dass in allem ein Geist wirkt, der menschenfreundlich ist, der das Leben voranbringt und alles zusammenhält. Der Philosoph Karl Popper hat es mal so ähnlich formuliert: Was in diese

Welt gekommen ist, ist das Leben, und dieses Leben umfasst alles, und dieses Leben wirkt, und wir können gar nicht wissen, was es noch alles hervorbringen wird.

Lust und Last beim Reisen

Wer in Deutschland unbeschwert reisen möchte, kann seinen Koffer einem Gepäck-Versand überlassen. Und wenn wir ihn nicht selber tragen müssen, wird er dann meist ein bisschen schwerer. Aber zum Glück kommt das ja nicht allzu oft vor, dass wir ihn packen müssen. Allerdings gibt es auch Leute, denen das wenig ausmacht. Die sind das gewöhnt, die sind flexibel, entweder von der Veranlagung her oder aus beruflicher Notwendigkeit. Andere sind von Natur aus eher sesshaft. Und wenn man schon verreisen muss, dann bitte nicht zu weit.

Während die einen erst richtig verreisen, wenn es mit dem Flugzeug geht, genügt anderen der Ausflug mit dem Auto oder der Bahn oder auch dem Fahrrad. Wenn Reisen auch mit einigen Mühen und Unannehmlichkeiten verbunden ist, hat es für viele den Reiz der Abwechslung, der Horizonterweiterung. Manchen genügt schon die Sonne und dass sie nicht jeden Tag kochen müssen. Und manchmal kommen Urlauber auch zum Nachdenken, wer eigentlich alles an dem Ort gewesen ist, an dem sie sich aufhalten. Die Einheimischen von heute sind da oft gar nicht die Einheimischen von früher. Eigentlich waren die Menschen ständig in Bewegung. Immer wieder gab es Völkerwanderungen. Nicht immer wurden andere verdrängt. Es gab auch Zusammenleben, das zu fruchtbarem Austausch geführt hat.

Und dann gab es eine Wanderbewegung, die zum ganz normalen Leben gehörte. Könige und Fürsten, vermögende Bürger und Landbesitzer beschäftigten viele Menschen, die in Abhängigkeit zu ihnen lebten. Die Besitzungen lagen nicht beieinander wie die Äcker nach einer Flurbereinigung. Wer Landbesitz hatte, musste viel unterwegs sein, um nach dem Rechten zu sehen. Und er reiste nicht allein, sondern wie die Könige und Fürsten mit Gesinde und ganzem Hofstaat. Und zum Teil waren diese Ortsveränderungen eine Art Lebensnotwendigkeit. Es hieß: Die Menschen bewegen sich leichter zur Nahrung als die Nahrung zu den Menschen. Die Transportmittel waren nicht mit unseren Möglichkeiten zu vergleichen, die uns leider in die unverständliche Lage versetzen, einen Joghurtbecher durch halb Europa zu fahren.

Was man damals auf Reisen mitnahm, hatte natürlich auch einen enormen Umfang. Was unsere Koffer sind, waren damals Kisten und Truhen. Mit denen war man mobil, was später zu unserem Wort Möbel geführt hat. Kisten und Truhen konnten je nach Besitzer sehr kunstvoll sein. Und regendicht waren sie auch. Aber sie hatten natürlich den Nachteil, dass man eine Truhe immer bis auf den Grund ausräumen musste, wenn man genau das suchte, was ganz unten am Boden verpackt worden war. Es hat verhältnismäßig lange gedauert (etwa bis zum 16. Jh.), bis man auf die praktische Lösung kam, eine solche Truhe umzuwandeln und mit Schubladen und Fächern zu versehen, die man unabhängig voneinander nutzen konnte.

Für viele, die heute unterwegs sind, scheint der Rucksack besonders praktisch zu sein. Warum hat man ihn eigentlich nicht schon im Mittelalter gebraucht, wenn ihn doch angeblich schon der Ötzi gekannt hat? Vielleicht ist der Ötzi nicht weit genug herumgekommen, oder es gab noch nicht das, was man heute den Trend nennt.

Mit den Augen Leben schenken

Die Wissenschaft sagt wohl mit einigem Recht: Die Welt ist blind geboren. Über Millionen von Jahren gab es Leben auf der Erde, aber es gab kein Auge, das etwas hätte sehen können. Wer die Bibel liest, wird allerdings gläubig sagen können: Aber Gott hat alles gesehen. Er hat nicht nur zugeschaut, wie es entstand, sondern er hat – wie die Bibel sagt – alles geformt und hingestellt. Er hat seine Freude an diesem Erschaffen gehabt und war am Ende durchaus zufrieden. Er fand, dass alles sehr gut war. Und dann ruhte Gott, so heißt es. Wer aber auf die Idee kommt, dass damit die Schöpfung zu Ende sei, der täuscht sich. Es hat mal jemand gemeint, wir haben ja keine Vorstellung, was alles noch kommen kann. Vielleicht ist das Wichtigste noch gar nicht geschehen.

Ich tu mich nicht ganz leicht mit diesem Gedanken, weil ich viel zu wenig weiß von den Gesetzen und Geheimnissen des Kosmos, in dem Dinge geschehen, bei denen meine Vorstellungskraft einfach versagt. Aber wenn ich mich in der Schöpfung umschaue, die mir ein bisschen vertraut ist, komme ich durchaus auf die Idee, dass es ihr an Phantasie zum neuen Leben nicht fehlt. Ich denke gern an das Wort: Jedes Kind, das in die Welt kommt, sagt uns, dass Gott die Freude an seiner Schöpfung noch nicht verloren hat. Und wenn so ein neuer Mensch das Licht der Welt erblickt, könnte man meinen, Gott hätte ihm zugeflüstert: Und jetzt mach die Augen auf und schau dir das alles an. Wenn ich Kinder sehe, habe ich den Eindruck, dass sie sich dieses leise Wort Gottes gut gemerkt haben. Sie können mit einer Hingabe schauen, dass Erwachsene schon mal die Geduld verlieren können: „Was ist denn da wieder los, nun komm schon."

Es gibt aber auch das andere, dass wir selber neu sehen lernen, wenn wir Kinder erleben, die einfach alles zum ersten Mal anschauen. Und manchmal schämen wir uns, dass wir für viele Wunder blind geworden sind. Besonders schmerzlich ist diese Blindheit, wenn wir uns gegenseitig nicht mehr wahrnehmen, keines Blickes würdigen, vieles einfach übersehen. Aus meiner Schulzeit erinnere ich mich an ein Theaterstück von Thornton Wilder. Es hieß „Unsere kleine Stadt". Da war ein Mädchen im Jugendalter gestorben. Es durfte aber nach einiger Zeit wieder ins Elternhaus zurückkehren. Das Mädchen konnte mit der Mutter reden, aber die Mutter schaute es nicht an. Das war aber die Bedingung für das Mädchen, bei den Lebenden bleiben zu dürfen: dass es angeschaut würde. Aber das geschieht nicht. Und so nimmt das Mädchen traurig Abschied mit den Worten: Mutter, wenn du mich nur einmal angeschaut hättest, hätte ich bleiben dürfen. – Das Leben und Zusammenleben hing davon ab, dass einer den anderen anschaute.

Hilde Domin sagt in einem Gedicht: „Es gibt dich, weil Augen dich wollen, dich ansehen und sagen, dass es dich gibt." So wird es zuallererst von Gott gesagt, wenn es heißt, dass alles vor ihm das Leben hat, wenn er es anschaut, und dass es in Nichts zerfällt, wenn er sein Antlitz abwendet. Das könnte ja auch bedeuten, dass auch wir mit den Augen nicht nur sehen, sondern auch Leben schenken.

Mit Gott kann man leise auftreten

Als ich mitten im Studium war, wurde er Papst. Ich habe immer gern die Spuren gelesen, die Papst Johannes XXIII. in seinen Erinnerungen hinterlassen hat. „Auch für wenige Leute habe ich mich immer ordentlich vorbereitet", hat er von seiner früheren Tätigkeit als Nuntius in der Türkei gesagt. Seine Wege führten ihn oft zu kleinen Diasporagemeinden, in denen nicht selten Ordensschwestern die größere Zahl seiner Hörer bildeten. Er wäre nie auf die Idee gekommen, dass sich die Sorge um die kleine Herde nicht lohnen könnte, dass er Zeit und Mühe besser woanders einsetzen sollte. Dabei blieben ihm manchmal auch fast aussichtslose Missionen nicht erspart. In einer derartigen Situation meinte er einmal: „Wenn man in Sachen Gottes umhergeht, kann man es sich erlauben, leise aufzutreten."

Allen wollte er ein liebender und gewissenhafter Hirte sein. Die kleine Gruppe war ihm genauso wichtig wie später die Weltkirche, die sich zu vielen festlichen Anlässen auf dem Petersplatz versammelte. Er verstand es, das Große und Kleine in seiner pastoralen Sorge gut miteinander zu verbinden. Als Nuntius in der Diaspora meinte er: „Dies gehört zur Aufgabe eines Hirten: seine Schafe einzeln zu zählen." Nach seiner Wahl zum Papst war seine Überzeugung: „Meine Familie ist die ganze Welt. Dieses Gefühl universaler Zugehörigkeit muss meinen Verstand, mein Herz und Tun bestimmen und beleben." Und seine Aufgabe in dieser Weltkirche sah er nicht darin, „ein Meister der Politik, der Strategie und der Wissenschaft zu sein. Davon gibt es genug. Ich habe die Barmherzigkeit und die Wahrheit zu vertreten."

Nicht ohne Humor spricht er von sich als einem Papst, der nicht bedeutend ist wie sein Vorgänger. Auch für schön hält er sich nicht: „Seht nur meine Ohren." Aber dann folgt das liebevolle Versprechen, das eigentlich jeder Mensch sich wünscht: „Aber ihr werdet es gut bei mir haben." Und so haben es viele Menschen auch über die Grenzen der Kirche hinaus erlebt und ihn als den „guten Papst" in Erinnerung behalten. Man kann sich fragen, was den Menschen an diesem Papst alles gutgetan hat. Ich denke, es war seine große Gelassenheit. Von Leuten, die Dinge übereilen, meinte er, die kommen nicht weit. Er selber hatte sich zum Grundsatz gemacht, „alle und alles anzuhören, es zu bedenken und zu studieren, mein Urteil erst langsam zu bilden, nicht geschwätzig zu sein, keinen großen Lärm zu machen, die Augen offen zu halten und mich keinen Schritt vom Weg der Kirche zu entfernen".

Als er das Zweite Vatikanische Konzil einberief, hatten allerdings einige Leute den Eindruck, er habe etwas übereilt gehandelt. Die Zeit der Vorbereitung sei zu knapp. Darauf soll der Papst geantwortet haben, er könne den Beginn auch noch ein Jahr vorverlegen. Vielleicht wollte er damit andeuten, dass ein solches Unternehmen aus anderen Kräften lebt als menschlichen Berechnungen und Stapeln von Arbeitsvorlagen. Und sicher hätte er gern noch erlebt, wohin sein Anstoß zum Konzil geführt hat. Er gab offen zu: „Ich hoffe, lange zu leben. Ich liebe das Leben!" Aber das beste Mittel, lange zu leben, sah er darin, „sich mit Ruhe bereitzuhalten zu sterben". Schon als Patriarch von Venedig erklärte er, dass ihm der Gedanke an das Sterben keine Angst bereite, „denn ich weiß, dass der Himmel viel schöner ist als Venedig und dass dort wirklich das ewige Fest des Lebens beginnen wird".

Mit Nervensägen auf dem Weg zum Himmel

„Vergiss nicht, dass das Zusammenleben mit dir genügen kann, sich den Himmel zu verdienen." Der Spruch hängt an meiner Pinnwand. Er kam dahin, weil ich ihn so klar, ziemlich frech, fast unverschämt fand. Heute muss ich jedes Mal lachen, wenn ich ihn lese. Es ist so ein Spruch, bei dem man sich an die Nase packen kann. Da, schau, wer du bist. Oft nimmst du dich furchtbar wichtig, hältst dich für den Nabel der Welt und bist doch eher eine Nervensäge, die andere ertragen müssen. Und mit dem Leiden an mir verdienen sich andere den Himmel.

Vielleicht hätte ich achtlos über ein solches Wort hinweggelesen, wenn es nicht von einer Person käme, die ich sehr schätze. Die französische Sozialarbeiterin Madeleine Delbrêl hat diesen Gedanken in ihrem geistlichen Tagebuch festgehalten. Das war zu einer Zeit, da sie mit einigen gleichgesinnten Frauen ein klösterliches Leben geführt hat, aber mitten unter den Menschen geblieben ist. Kardinal Carlo Martini nannte sie eine „Prophetin in einer Gesellschaft, die nicht hinhört". Die Menschen, um die sie sich kümmerte, waren vor allem die Armen im überwiegend kommunistischen Ivry im Ballungsraum von Paris.

Man hätte diese Frau zu gerne in die Partei aufgenommen oder in den Stadtrat berufen, aber sie ließ keinen Zweifel aufkommen an ihrer christlichen Einstellung, aus der heraus sie ihre Arbeit tat. Wahrscheinlich ist sie vielen auch dadurch zum Anstoß geworden. Aber sicher nicht zum Ärgernis, denn sie hat sich gerecht und entschieden für die Armen eingesetzt.

Entschiedenheit war wohl ein besonderer Charakterzug, der die 17-Jährige zur Tagebucheintragung veranlasste: „Gott ist tot … es lebe der Tod. – Und weil das wahr ist, muss man auch ehrlich genug sein, nicht mehr so zu leben, als ob er lebte." Das passte eigentlich gar nicht mehr zu dem Mädchen, das sich für seine Erstkommunion gegen seine religiös uninteressierten Eltern durchgesetzt hatte. Aber es passte durchaus zur Entschiedenheit, mit der ein Mensch auf die Zeichen des Lebens für sich achtet und ihnen folgt. Solche Menschen sind im Zusammenleben sicher keine harmlosen Zeitgenossen. Schon die konsequente Art ihres Lebens ist eine Herausforderung für andere, vielleicht sogar ein Ärgernis, das sie selber nicht wollen. Für viele Menschen ist Madeleine Delbrêl eine Heilige, die sich durch das Zusammenleben mit anderen „Nervensägen" geheiligt hat. Aber was sie da in ihr Tagebuch geschrieben hat, war zuerst als Nachdenklichkeit für sie selbst gedacht: „Vergiss nicht, dass das Zusammenleben mit dir genügen kann, sich den Himmel zu verdienen." Wo Menschen

aus Überzeugungen heraus leben, müssen unweiger-
lich Spannungen entstehen. Ecken und Kanten lassen sich da nicht vermeiden. Sie gehören zum Profil.
Aber vielleicht könnte der Satz etwas abgewandelt
auch lauten: Vergiss nicht, dass das Zusammenleben
mit dir anderen zum Leben und zum Ziel helfen soll.

Mut zum zweiten Atem

Aller Anfang ist schwer, sagte der Dieb und stahl einen Amboss. Da hat er wohl Recht. Man kann sich natürlich auch fragen, warum er die Sache mit dem schweren Anfang gleich so wörtlich nehmen musste. Wer so anfängt, kann sich leicht verheben und für alle Zeit vom Anfangen kuriert sein. Aller Anfang ist schwer, sagte auch der Mann, der sich auf fremde Sprachen verstand. Aber er fügte ermutigend hinzu: Nach den ersten sechs Sprachen geht es dann leichter. Schwere Anfänge scheinen auch unvermeidbar, wenn von einer Karriere vom Tellerwäscher zum Millionär die Rede ist. Aber ganz anders hört sich das an, wenn junge Leute sich verlieben und sagen: Aller Anfang ist schön. Da bekommt der Anfang eine Leichtigkeit, die zu immer neuen Schritten ermutigt, so dass andere sich wundern oder sich daran erinnern, wie sie selber angefangen haben.

Was hat die Dinge damals denn leicht gemacht? Man konnte Pläne schmieden, Spuren von Traumberufen folgen, aber dann galt es doch, sich zwischen vielen Möglichkeiten zu entscheiden. Und der Anfang war dann schön, wenn man nicht etwas anfangen musste, sondern wollte, wenn wirkliche Begeisterung mit im Spiel war. Das gab dann so ein Gefühl, von dem man sagen konnte: Das wird weit tragen, das hat Zukunft, das kann der rote Faden sein, an dem sich mein Leben orientieren wird.

Als Bischof Franz Kamphaus von seiner Berufung zum Priester sprach, nannte er diese Begeisterung am Anfang den ersten Mut. Mit diesem ersten Mut macht man sich auf den Weg, noch völlig frei von den Schmerzen enttäuschter Hoffnungen. Aber weil das Leben nicht nur Streicheleinheiten zu vergeben hat, machen sich mit einiger Sicherheit beim ersten Mut auch Abnutzungs- oder Ermüdungserscheinungen bemerkbar. Da arbeitet die Gewöhnung mit, die Ernüchterung und Enttäuschung. Da brechen Wege ab, von denen man glaubte, sie würden bis ans Ende der Welt führen.

Natürlich ist das Leben auch reicher geworden durch Wissen und Erfahrung, aber die Fragen sind deswegen nicht weniger, sondern eher mehr geworden, oder sie stellen sich radikaler, weil die Zeit drängt. Das Leben und die Gesundheit kommen in die Jahre und fordern neue Einstellungen. Und wenn auch lange verschwiegen, meldet sich die Frage: Und was ist der Sinn von allem, und wo ist die Begeisterung für das, was noch kommt? Der Langläufer würde sagen: Wenn du ans Ziel kommen willst, brauchst du so etwas wie den zweiten Atem. Er ist plötzlich da, wenn du am Ende bist und glaubst, dass nichts mehr geht oder läuft.

Bischof Kamphaus hat aus seiner Erfahrung von einem zweiten Mut gesprochen. Den braucht man,

wenn man am Leben teilnimmt, das nicht schmerz-
frei zu haben ist. Und der brasilianische Bischof Dom
Helder Camara betonte: Wenn der erste Mut schwach
wird und die Mutlosigkeit droht, bleib nicht stehen.
Es ist eine göttliche Gnade, gut zu beginnen, und eine
größere, auf dem Weg zu bleiben. „Aber die Gnade
der Gnaden ist es, sich selbst nicht nachzugeben und –
ob auch zerbrochen und erschöpft – weiterzugehen
bis zum Ziel."

Ohne Brot ist der Tisch nur ein Brett

Das Brot schmeckt so gut, das kann ich richtig hören, meinte ein Kind in der Backstube. Es scheint, als könnte man ein gutes Brot mit allen Sinnen aufnehmen. Brot ist wie das Leben. Es füllt alle Räume, in die man hineindenken und hineinfühlen kann. Man kann es sehen, riechen, schmecken, irgendwie wohl auch hören. Broterwerb ist Lebensgrundlage. Brot ist so etwas wie Mittelpunkt der Welt. Alles dreht sich um das Brot. Sein Einfluss berührt die Dinge, mit denen wir uns umgeben. So sagt ein Sprichwort: Ohne Brot ist der Tisch nur ein Brett. Brot macht das Brett zu einem Tisch, um den man sich versammeln kann, um zu teilen und sich zu stärken.

Und das Brot auf dem Tisch bringt eine Geschichte mit. Es wurde eingesammelt auf den Feldern. „Ich habe die Bauern gern", schrieb die junge Jüdin Ruth Maier in ihr Tagebuch während ihrer Ferien in Tschechien. Für sie waren die Bauern nicht kitschig, sondern wirklich. Sie meinte, die Bauern müssten dem lieben Gott am besten gefallen. Sie reden nicht viel über etwas, sie fühlen es. Sie reden nicht viel von Heimat, sie lieben sie.

Wer die Geschichte des Brotes mitbedenkt, kann dankbar in die Psalm-Worte einstimmen: Gott, du krönst das Jahr mit deiner Güte, deinen Spuren folgt Überfluss. Die Täler hüllen sich in Korn. Sie jauchzen und singen (Ps 65,12.14). Aber nicht alle können dankbar mitsingen. Viele leiden beim Gedanken an das Brot, das sie nicht bekommen, nicht verdienen können, das aber von anderen im Überfluss weggeworfen wird. In Wien sollen es jedes Jahr zwei Millionen Kilo Brot sein, die gesammelt und vernichtet werden. Beim Anblick der Transporter schauen die Leute zu und können es nicht glauben. So wird Brot auch zum Zeichen für die Ungleichheit in der Welt. Und viele machen die schmerzliche Erfahrung, die ein russisches Sprichwort ausdrückt: Ein Tag ohne Brot ist lang.

Es gibt aber auch sehr lange Tage mit sehr viel Brot und Brötchen. Da denke ich an die Bäcker, bei denen morgens um eins der Wecker rappelt. Da gibt es kein Verschlafen. Die Kunden würden lange Gesichter machen, wenn morgens um sechs Uhr nicht das Brot auf dem Ladentisch läge und eine Viertelstunde später die vielen Sorten Brötchen. Bei so vielen Brotsorten und Brötchen kann man sich natürlich fragen, ob das denn sein muss und ob wir da nicht übertreiben und zu anspruchsvoll sind. Wenn ich mich an das Jahr auf dem Bauernhof bei Verwandten in Ostpreußen erinnere, da gab es nur ein Brot, von dem alle zwei Wochen sechs große Laibe gebacken wurden. Da hatte das Brot so etwas Eindeutiges. Jeder wusste, was gemeint war, wenn vom Brot die Rede war, und alle waren damit zufrieden. Aber heute ist Brotvielfalt angesagt. Einen Brotverkäufer scheint diese Vielfalt aber gestört oder sogar geärgert zu haben, denn er bot seine Ware auf einem Schild als „scheißnormales Graubrot" an.

Es ist eine Tatsache, dass die deutschen Bäcker mit ihrem reichhaltigen Angebot zu einer Art Weltmeister im Brotbacken geworden sind. Es gibt inzwischen in der Sparte des Bäckerhandwerks weltweit den Trend, in Deutschland die Kunst des Brotbackens zu lernen oder zu erweitern. Mit einem Zeugnis aus Deutschland läuft das Geschäft wesentlich besser. Von Japan ist bekannt, dass in den letzten Jahren mehr Geld für Brot als für Reis ausgegeben wurde. Wahrscheinlich wird man in Zukunft dann auch nicht mehr von Deutschen, die für eine Zeit lang im Ausland waren, hören, dass sie ein richtig gutes Brot vermisst hätten. Wer so ein gutes Brot hat, könnte eigentlich stolz sein, es mit anderen zu teilen und natürlich jeden Tag ab sechs Uhr morgens zu verkaufen.

Neben dem Brot in einem Schaufenster hing ein Schild: Freundliche Verkäuferin gesucht. Natürlich hat das jeder gern, wenn er freundlich bedient wird. Aber nicht jede Verkäuferin kann zuerst an das Lächeln denken. Sie verkauft einfach mit ganz normalem Gesicht ein Brot, das Freude macht. Gutes Brot kann viel bedeuten. Ich erinnere mich gern an ein Wort des Schriftstellers Wolfdietrich Schnurre in seinem Buch „Der Schattenfotograf". Er schreibt da von

seiner Frau, sie besitze etwas, was er nie haben werde:
„einen handfesten, strapazierfähigen Glauben. Bau-
ernbrothaft und würzig; in östlichen Öfen gebacken.
Eine Scheibe im Notgepäck, und man wäre gerettet."

Platz ist Ansichtssache

Und beim Krippenspiel sind sie natürlich auch mit Begeisterung dabei. Gemeint sind die muslimischen Mädchen und Jungen. Jedes bekommt seine Rolle, alle wollen dabei sein, erzählt die Kindergärtnerin. Und einigen ist noch sehr vertraut, was sie da spielen. Menschen, die unterwegs sind, die eine Herberge suchen, die abgewiesen werden, nicht willkommen sind. Ein Junge aus Syrien bekommt die Rolle des Gastwirts. Er weiß, was er in seiner Rolle zu sagen hat: „Wir haben keinen Platz für euch!" Aber als er dann dran ist und Maria und Josef vor ihm stehen, da spielt er keine Rolle mehr. Da erinnert er sich, wie es ihm und seinen Eltern ergangen ist, und er fällt aus seiner Rolle und kann nur noch sagen: Kommt rein, wir werden schon noch einen Platz für euch finden.

Wir haben keinen Platz, das sagt sich leicht, wenn man keinen Menschen sieht. Begegnung kann vieles verändern. Manchmal bilden sich daraus solide Hilfsangebote, in denen sich Menschen über Jahre hin engagieren. Eine Initiative hat damit angefangen, dass ein Baby den Bescheid bekam, dass der Asylantrag abgelehnt wurde und es nun ausgewiesen werden sollte. Als einheimische Nachbarn davon hörten, meinten sie: Das kann doch nicht wahr sein. Von dem

Tag an gab es Leute im Dorf, die sich nicht nur kundig machten, sondern zu Ämtern begleiteten oder sich um Lebensnotwendiges für Fremde und Flüchtlinge kümmerten. In einem anderen Ort war es ein Hotelier, der meinte, zahlende Kundschaft wäre gut, aber das müsste ja nicht alles sein. Er nahm 25 junge Männer in ein Haus auf, das sonst für Saisonarbeiter bereitgehalten wurde. Befremdlich für ihn war allerdings – wie er sagte –, dass er einen Lieferschein unterschreiben musste, als die Männer mit einem Bus bei der Unterkunft ankamen. Weil er in seinem Fach etwas von Organisation verstand, legte er Wert darauf, dass die jungen Leute bei fünf unterschiedlichen Sprachen und Nationalitäten eine gute Form der Gemeinschaft auf die Reihe bekamen. Sie wählten Gruppensprecher und organisierten sich selbst.

Auf einem Bahnhof wurden Vorbereitungen für Flüchtlinge getroffen. Eine Frau fragte nicht ohne Bitterkeit einen Helfer, wie lange das denn noch gehen solle mit diesen Fremden da. Er meinte mit großer Gelassenheit: „Wahrscheinlich bis es Frieden gibt." Von einer älteren Frau in der Gemeinde erzählte eine Gemeindeassistentin, sie habe eher angstvoll gemeint, das könne doch nicht so weitergehen mit den vielen Flüchtlingen, sonst säße sie am Ende wieder auf der Straße. Da steckte noch die eigene Fluchterfahrung dahinter, die noch nicht zur Teilnahme am Schicksal der anderen geworden war – oder es vielleicht auch nicht mehr werden kann. Das spontane Reagieren auf aktuelle Not fällt in jüngeren Jahren wohl leichter. Aber auch da wird noch einiges zu lernen sein. Integration kann ja nicht bedeuten, dass die anderen unsere Sprache und unsere Spielregeln lernen. Für beide Seiten wird sich etwas verändern.

Ruhe, Schönheit und Freundschaft

Es gibt Leute, die können Kaninchen und Tauben aus dem Hut zaubern. Und zum guten Zauberer gehört auch, dass er Dinge verschwinden lassen kann. Aber es gibt auch Leute, bei denen verschwindet vieles, ohne dass sie zaubern können. Es hat mal jemand gemeint: Viele Dinge kommen uns abhanden oder verlieren ihre Bedeutung, weil wir ihnen keinen Ort geben, keine Zeit und keine Form. Das scheinen die Dinge zu brauchen, die uns nicht egal sind, die zum Leben und zur Vorstellung von Glück gehören. Sie müssen Platz haben dürfen in meinem Leben. Und was die Zeit angeht, die wird uns geschenkt, aber verschwindet leicht, wenn wir keine Aufmerksamkeit für sie haben und sie achtlos verstreichen lassen.

Und dann brauchen die Dinge eine Form. Sonst verfliegen sie, wenn wir sie nur als luftige Ideen wahrnehmen. „Da muss Butter bei die Fische", sagen manche kurz und bündig. Wo Dinge eine Form bekommen, spricht man dann gern von Kultur. Das kann eine öffentliche Angelegenheit sein, aber auch eine ganz persönliche. Viele Dinge bekommen die Form, die ich ihnen geben will. Sie erscheinen in der Form, in der ich mich ausdrücken möchte. Da geht es um meine persönliche Kultur. Ich dachte mir, dass dies wohl auch gelten kann für die Zeit, die auf den ersten Blick vielleicht besonders formlos wirkt, weil sie unsere schönste Freizeit ist. Ich denke an Ferien und Urlaub. Da soll die Seele „baumeln" dürfen. Aber auch in dem „Baumeln" soll ja etwas geschehen, was der Seele Form gibt, was ihr gerecht wird, was ihr guttut. Wenn Sorge nicht gleich so etwas Angestrengtes hätte, könnte man vielleicht sagen, im „Baumeln der Seele" geschieht Seelsorge. Wenn wir wissen, was alles damit gemeint sein kann, können wir auch ganz einfach von Erholung reden.

Jemand meinte, dass für ihn drei Dinge dazugehören. Erstens die Ruhe. Die Seele braucht Freiräume ohne Hektik, Druck und Zwang. Es gibt keinen Terminkalender. Die Zeit bekommt ihre eigene Bedeutung. Diese Freiheit gelingt meist leichter als die Befreiung von dem Druck, den ich mir in manchem selber mache. Die Seele beruhigt sich, wenn sie sich in eine große Ordnung einbringen darf.

Und zweitens geht es um Schönheit, wenn die Seele sich wohlfühlen will. Die Schönheit kommt zu uns herein durch die Fenster, die uns geschenkt sind. Die Augen dürfen sich sattsehen an den kleinen und großen Wundern der Natur. Der Geist geht um mit Dingen, die er sich lesend und denkend aneignet. Hörend erleben wir eine Welt, die von hörbarer Stille über das Zirpen der Grillen und die Wucht des Donners bis zur Symphonie von Mozart reicht. Die Seele freut sich an einer Schönheit, die nicht einseitig ist.

Und drittens braucht die Seele zur Erholung die Freundschaft. In ihr lässt sich mitteilen, was uns Freude macht und uns mit einem lieben Menschen verbindet. Es ist aber auch die freundliche Offenheit für die Menschen, die für ihre Seele suchen, was ihnen guttut. Und es ist ganz besonders die Freundschaft mit Gott, der uns sagen kann, wie und wo wir finden, was wir im Letzten suchen und was uns die Form gibt, die zu jedem ganz persönlich gehört, was so etwas wie die persönliche Kultur ist.

Schenken hilft gegen den Durst

„Wenn du glücklich leben willst, lass dir nichts schenken!" Ich habe das irgendwo als Sprichwort gelesen
und kam darüber ins Grübeln. Wie soll man mit einer
solchen Weisheit klarkommen in einer Zeit, in der
Geschenke eine so große Rolle spielen? Da wäre dann
allerdings die Frage, welche Rolle sie denn spielen.
Und das ist natürlich eine Frage, die sich nicht nur
zur Weihnachtszeit stellt. Manchmal ist es hilfreich,
wenn man Wörtern, die eine bestimmte Wichtigkeit
bekommen, auf den Grund geht, sie zurückverfolgt
bis an ihre Wurzeln. Zum Schenken wird da gesagt,
dass es ursprünglich um ein menschliches Grundbe-
dürfnis ging, nämlich um den Durst, den man mit
dem Ausschenken eines Getränks löschen konnte.

Wenn man diesen Grundgedanken weiterverfolgt
bis in unsere Art und Weise, wie heute oft geschenkt
wird, könnte man – im Bild bleibend – sagen, wir
trinken weit über unseren Durst hinaus oder werden
zwangsläufig dazu verleitet. Vieles wird geschenkt,
was niemand braucht. Etliches ist größer, als es unserem natürlichen Bedürfnis entspricht. Und wenn etwas zu groß ist oder meine Bedürftigkeit gar nicht
trifft, verliert es seinen Wert und seine Bedeutung.
Da können Geschenke lästig werden. Der Dank da-

für kann gar nicht mehr ehrlich geraten. Er bekommt so etwas Anerzogenes wie aus Kindertagen: „Hast du dich auch schon bei XY bedankt?" Dabei ist man eigentlich eher enttäuscht und hätte lieber nichts in Händen und seine Freiheit wieder. Und mancher hält sich dann für einen wunschlos glücklichen Menschen, was natürlich auch eine Illusion sein kann.

Wenn ich das manchmal von mir denke, dann frage ich mich, ob ich vielleicht nur phantasielos bin und gar nicht weiß, was ich alles brauchen könnte und was mir Freude machen würde. Dabei hat es diese Geschenke durchaus gegeben, an die ich selber nicht gedacht hätte, die eine richtige Überraschung waren. Eines möchte ich wegen seiner Nachhaltigkeit erwähnen. Eine kleine Freundin hatte mir ein Meerschweinchen geschenkt. Sie hatte die Tiere gern und dachte, sie würde mir damit auch eine Freude machen. Daraus wurde ein durchaus lehrreicher Lebensabschnitt mit Tieren. Ich dachte mir, vielleicht sollten wir bei der Suche nach Geschenken den Kindern mehr über die Schulter schauen. Ich glaube, die haben ein feines Gespür für das, was Freude macht. Da wird so absichtslos geschenkt, dass man gerne etwas annimmt. Und es kommt nicht gleich die sorgenvolle Frage auf: Was gebe ich dafür zurück? Das wird sich finden, was sich daraus ergibt.

In der Zeitschrift „Die Zeit" begann Thomas Assheuer seine Überlegungen zum Schenken mit dem Satz: „Wer schenkt, schadet sich selbst", um sich dann bis zu dem Gedanken durchzuarbeiten: „Erst durch das Schenken wurde der Mensch zum Menschen." Das kann auch heißen, er hörte auf, sich durch Kriege anzueignen, was ihm noch nicht gehörte. Man machte also Geschenke und wurde ein bisschen versöhnlicher. Ob das heute noch so stimmt, kann man sich natürlich schon fragen.

Schmerzliche Erfahrungen sind die besten Ratgeber

Wie viel Rat braucht der Mensch? Es gibt Zeiten, da braucht er keinen, weil er alles besser weiß. Und dann gibt es wieder Zeiten, da hat man den Eindruck, alles Wissen ist verschwunden und es wird für alles ein Rat gebraucht. Nachdenkliche Menschen meinen, wir seien eine chronische Ratgebergesellschaft geworden. Es kann kaum noch etwas mit Mut und Selbstvertrauen geschehen, wenn es nicht durch fachlichen Rat abgesichert ist. Stehen wir unter dem Zwang, alles richtig machen zu müssen oder so, wie man glaubt, dass es richtig sei? Wo ist all das Wissen über uns selbst und die Welt geblieben, das wir im Leben erworben haben? Trauen wir der eigenen Erfahrung nicht, dem eigenen Urteil, dem eigenen Geist- und Leibgefühl? Vielleicht lassen wir uns ja auch nicht mehr die Zeit, am eigenen Leib zu spüren, was richtig und falsch ist. Wenn Rat für alles und jedes leicht und schnell zu haben ist, kann es sein, dass man sich die eigene Mühe oder auch Verantwortung spart. Aber was macht uns eigentlich so Rat-bedürftig?

Manche sagen, wir haben das Gespür für die Natur verloren, für Abläufe in der Natur und in uns.

Und es fehlt uns bisweilen das geduldige und aufmerksame Zuhören. Oft wird Lebensweisheit ja leise und beiläufig weitergegeben. Und dann könnte uns auch helfen, wenn wir richtig hinschauen würden, um wahrzunehmen, was hier ratsam wäre. Und zur Natur gehört wohl auch, dass man nicht immer schnelle Lösungen erwarten kann. Es ist nicht unnatürlich, wenn Dinge auch mal ausgehalten werden müssen. Da hilft dann eher Mitgefühl und nicht guter Ratschlag. Für alle diese Einstellungen braucht es wohl schon ein ziemlich gesundes Selbstbewusstsein, das zu dem rät, was lebenstauglich ist. Und das erfahren wir am besten an uns selbst. Jemand meinte nach einer bedrohlichen Krankheit: Da erlebst du eine andere Welt. Was du da lernst, verlierst du nicht mehr. Darum sagen Leute auch: Schmerzliche Erfahrungen sind die besten Ratgeber. Und sie meinen das für sich selbst, ohne daran zu denken, dass darin auch guter Rat für andere liegen muss.

Daneben gibt es allerdings auch die Ratgebergewohnheit, die eigene Medizin anderen als todsicheres Heilmittel anzuraten. Ist ja meist gut gemeint, aber nicht unbedingt gut. Im Beipackzettel zu einer Medizin heißt es: „Dieses Arzneimittel wurde Ihnen persönlich verschrieben. Geben Sie es nicht an Dritte weiter. Es könnte anderen Menschen schaden, auch wenn sie die gleichen Beschwerden haben wie Sie." Diese Bemerkung wird wahrscheinlich kaum aufmerksam gelesen. Stärker haften bleibt dagegen der

Hinweis: Bei Nebenwirkungen wenden Sie sich an den Arzt oder Apotheker. Das wird man nur selten machen, weil die Wartezeiten beim Arzt so schon lang genug sind. Aber es wäre zu überlegen, ob es bei den vielen Ratgebern nicht auch so einen Hinweis geben sollte: Bei Nebenwirkungen wenden Sie sich an die Ratgeberbeschwerdestelle.

Auf der anderen Seite ist es wohl auch nicht gut, sich jedem Rat zu verschließen. Viele Bereiche unseres Lebens sind ein bisschen kompliziert geworden, so dass man sich nicht überall gut auskennen kann. Aber wer in das geradezu unüberschaubare Feld der Ratgeberangebote schaut, kann auf die Idee kommen, dass man es auch übertreiben kann. So radikal ist der gesunde Menschenverstand wohl auch nicht abhandengekommen, als dass man nicht auch selbst auf Lösungen für ein Problem kommen könnte. Entscheidend ist, dass man sich dabei lösen kann von dem, was sich von außen als guter Rat aufdrängt. Manfred Prisching, ein Forscher auf diesem Ratgeberfeld, meint: Es muss entrümpelt werden. Die eigene Person muss zum zentralen Bezugspunkt des Lebens werden. Es kann nicht sein, dass alle möglichen Ratgeber besser wissen wollen, was für mich gut ist.

Das ist jetzt alles furchtbar unwissenschaftlich, was ich da geschrieben habe. Und eigentlich bin ich auf das Thema gekommen, weil ich etwas Uraltes gelesen habe. Da hat im Buch Jesus Sirach (im Alten Testament) jemand die Volksweisheiten seiner Zeit gesammelt und sich auch mit dem Ratgeben beschäftigt. Da heißt es: „Jeder Ratgeber weist mit der Hand die Richtung, doch mancher rät einen Weg zum eigenen Vorteil. Hüte dich vor dem Ratgeber! Erforsche zuerst seine Absicht" (37,7–8). Und nachdem gewarnt wurde vor etlichen Leuten, die man besser nicht um Rat fragen sollte, heißt es: „Doch achte auch auf den Rat deines Gewissens. Wer ist dir treuer als dieses?" Mit gutem Gewissen habe ich kürzlich einen Rat gesucht im Hilfeprogramm des Computers. Als Antwort habe ich den Rat bekommen: „Fragen Sie einen guten Freund."

Sprüche können ganz schön voll sein

„Willst du uns nicht wieder beleben, damit dein Volk sich an dir freuen kann?" Diesen Vers aus dem Psalm 85 habe ich nun schon mehr als ein halbes Leben lang immer wieder in Abständen gebetet. Aber er hat mir nicht immer was gesagt. Kürzlich habe ich gedacht: In unserer problemschwangeren Kirche wäre es doch mal wieder höchste Zeit, dass wir uns an Gott so richtig freuen können. Und da habe ich anders gebetet. Die Freude an Gott kann man sich ja nicht einreden. Freude kann nur aufkommen, wenn ich das Leben spüre, wenn ich den Funken geschenkt bekomme und weiß, von wem er kommt. Und da finde ich es gut, dass es solche Worte gibt, die geduldig auf einen warten, bis man sie richtig hört und spürt, welches Leben in ihnen steckt.

Dieser Spur folgen viele Kalender mit Sprüchen für jeden Tag. Da werden Weisheiten und Alltagserfahrungen weitergereicht. Manche treffen, andere machen stutzig oder zielen auch daneben. Es gibt dann aber auch so einen eigenen Lebenskalender mit solchen Sinnsprüchen. Da erinnern wir uns an Worte, die unsere Eltern uns mitgegeben haben. In unserer kinderreichen Familie konnte meine Mutter schon mal so ein einfaches Wort sagen: „Du bist hier nicht alleine." Und wenn Freunde oder Freundinnen ins Haus gebracht wurden, hieß es: „Trau, schau wem." Und wenn wir nicht alles haben konnten, was Nachbarskinder stolz vorzeigten, war schon mal zu hören: „Vergleich dich nicht mit anderen; das macht nur unzufrieden."

Manches haben wir wahrscheinlich nicht gern gehört oder nicht so richtig verstanden. Aber im Rückblick kann ich sagen: Das waren keine leeren Sprüche. Sie waren lebenstauglich. Und es hat sich dann so eine Hellhörigkeit entwickelt für Worte, die etwas auf den Punkt bringen können. Manche kommen sehr tiefgründig daher, andere tänzeln mit Leichtigkeit durch den Tag. Betont humorvoll wollen einige sein, und manche sind uralt und stimmen immer noch. Der weise Sokrates dürfte immer noch Recht haben mit seiner Vermutung: „Jeder will, was für ihn gut ist. Aber nicht jeder weiß, was für ihn gut ist." Und wenn man es mit dem alten Römer Ovid hält, muss man nicht berühmt werden: „Wer still und unbeobachtet gelebt hat, hat gut gelebt." Das klingt natürlich nicht sehr verlockend für junge Leute, die noch Träume haben. Aber die holt ein erfahrener Sozialarbeiter jeden Morgen auf den Teppich mit dem Weckruf: „Aufwachen ist die beste Methode, seine Träume zu verwirklichen."

Träume werden nur wahr, wenn man dafür arbeitet. Es haben auch Menschen dafür gelitten und ihr Leben riskiert. Das kann man nur, wenn es so einen

Leitgedanken gibt, der das eigene Leben trägt, der verankert und glaubwürdig ist. Solche Leitgedanken werden oft auch in Melodien weitergetragen. Da können sie zu richtigen Ohrwürmern werden, und niemand findet sie langweilig, wenn sie wiederholt werden. Musiker sagen, wenn Leute einen Refrain wiederholen, entsteht so etwas wie ein Heimatgefühl; man wird mit etwas vertraut. Manchmal summt es in mir weiter: „Sprich du das Wort, das tröstet und befreit." Huub Oosterhuis hat es dem Menschen in den Mund gelegt, der vor Gott mit leeren Händen und manchen Zweifeln steht. Mich erinnert es auch an den Ausspruch eines Unbekannten: „Das Wort, das dir hilft, kannst du dir nicht selber sagen." Vielleicht steckt darin schon die heilsame Erkenntnis, dass alles mit dem Hören anfängt. Was will Gott mir sagen? Auf diese Frage meinte eine Schülerin: „Das Wichtigste, was Gott mir sagen kann, ist: ‚Ich liebe dich, auch wenn es dir manchmal schwerfällt, das zu glauben'." Mit einer reichen Glaubenserfahrung konnte Romano Guardini sagen: „Sicher ist nur die Liebe Christi." Mit diesem Geschenk fängt alles an, und mit dieser Zusage lassen sich auch lange Wege gehen. Ich denke da manchmal an das etwas märchenhafte, vielzitierte Wort aus dem kleinen Prinzen von Saint-Exupéry: „Du bist verantwortlich für das, was du dir vertraut gemacht hast." Das ist gar nicht so einfach, wenn es sich um mehr als eine Blume handelt. Und ohne mich aus der Verantwortung stehlen zu wollen, kann ich dann schon mal dankbar sein für eine entlastende Erkenntnis, wie Klaus Berger sie formuliert hat: „Zwei Dinge habe ich in meinem Leben herausgefunden: dass es Gott gibt und dass ich es nicht bin."

Tragen und getragen werden ist menschlich

„Ich möchte keinem zur Last fallen." — Diesen Wunsch können wir immer wieder hören, wenn es zum Beispiel um Pflegebedürftigkeit im Alter geht. Ich könnte das für mich auch so sagen. Aber ich habe dann gedacht: Horch doch mal geduldig hinein, was alles damit gesagt oder gemeint sein könnte. Zunächst drückt sich darin doch so etwas wie höfliche Rücksichtnahme aus. Es soll durch mich niemand Unannehmlichkeiten haben oder belastet werden. Vielleicht lässt sich das treffender ausdrücken, wenn ich sage: Ich möchte mich niemandem zur Last machen. Das ist ein klarer Vorsatz, der sich einhalten lässt, wenn ich souverän entscheiden kann. Was zu mir gehört, möchte ich im Griff haben und auf die Reihe bringen, ohne jemand anderen mit Dingen zu behelligen, die nur mich angehen.

Aber da habe ich schon meine Zweifel, ob das Leben so arbeitet und so angelegt ist. Ich denke da an meinen Anfang, den ich nicht im Griff hatte. Da war ich noch keine Last, sondern der Wunsch meiner Eltern. Für sie war ich wichtig und wurde langsam gewichtig, ich wurde getragen, buchstäblich ausgetragen. Ich konnte keinen Einfluss nehmen auf die Last, die ich für meine Mutter wurde. Man könnte durchaus sagen, ich bin ihr zur Last gefallen, ich konnte nicht anders. Aber sie hat es mir nicht übel genommen, weil sie mich wollte, und solche Wünsche haben Gewicht, durchaus im doppelten Sinn. Der Mensch kommt überhaupt nicht richtig ins Leben, wenn er nicht getragen wird, also gewichtig ist, eine Last, die unterschiedlich gespürt wird und überhaupt nicht ins Gewicht fällt, wenn da diese wunderbare Kraft der Liebe ist. Und wie oft ich dann später noch durchaus belastend war, kann ich gar nicht sagen. Ich brauchte mir darum auch keine Sorgen zu machen, es war selbstverständlich für die, die mich getragen haben. Jemanden tragen oder im Leben begleiten hat ja durchaus mit einer Last zu tun. Das brauchen wir gar nicht wegzureden. Aber es ist ein Unterschied, ob man eine solche Last aufgebürdet bekommt oder sie freiwillig trägt. Lasten rechnet man nicht nach Kilo, wenn man ein Herz dafür hat. Wer liebt, trägt leichter.

Das ist jetzt wieder ein bisschen leicht gesagt. Ich denke an Menschen, denen sich eine Last geradezu aufs Herz legt. Da wird jemand zur Last und merkt es vielleicht nicht einmal. Und dann gibt es Gelegenheiten, in denen wir ungewollt zur Last werden. Es stößt uns etwas zu und wir brauchen fremde Hilfe. Hilfe annehmen ist ja auch etwas, was man im Leben lernen muss. Manchmal können wir gar nicht anders, aber manchmal können wir auch darüber entscheiden, ob wir es wollen. Wir wollen nicht zur Last fallen. Das ist ja eine durchaus gute Absicht, denn dafür wird man schließlich erwachsen. Aber auch das ist keine Garantie dafür, dass man souverän alles im Griff behalten wird.

Es ist vielleicht ein bisschen gewagt zu sagen, dass wir auch in unserer besten Verfassung nicht die reine Freude sind, sondern irgendwie auch eine Last. Der Mensch wächst am Du, aber er trägt auch am Du oder wird dem Du zur Last. Vielleicht kommen wir mit dem Begriff Toleranz an diese Art von Belastung heran. Wir sind schon durch unser Dasein, unsere Andersartigkeit und auch die unerwünschten Macken für andere eine unterschiedlich große Belastung. Da gibt es manches und manchen zu ertragen. Aber das gehört wohl zu den Spielregeln unseres Zusammenlebens. Einer trage des anderen Last ist ein christlicher Grundsatz, aber auch andere kommen daran nicht so leicht vorbei. Das hat wohl zu tun mit der Übereinkunft, menschenwürdig miteinander umzugehen.

Bei dem Wunsch, nicht zur Last zu fallen, spielt die Sorge um die Menschenwürde eine wichtige Rolle. Es war wohl eine der markantesten Debatten im Bundestag, in der über Tod und Leben gesprochen wurde. Und im Mittelpunkt für alle standen immer die Würde des Menschen und die Sorge, dieser Würde gerecht zu werden. Ich will nicht zur Last werden und denke dabei auch daran, wie andere mit mir umgehen werden, wenn ich ungewollt zur Last werde. Und ich möchte eigentlich schon zu gerne heute zielstrebig damit umgehen. Vielleicht auch schon mit dem Gedanken: Hilfe benötigen ist nicht würdelos. Alt werden ist nicht würdelos. Würde besteht nicht in einem äußerlich perfekten Erscheinungsbild. Wer die Würde des Menschen achten will, muss von Unvollkommenheiten und Zerfallserscheinungen absehen können.

Und dann bleibt nicht zuletzt die Frage: Woher kommt diese Motivierung, zu tragen, wenn jemand zur Last wird? Ein Brautpaar hatte sich am Hochzeitstag für die Messe als Lesung gewünscht, was Gott den Propheten Jesaja (46,4) sagen lässt: „Ich bleibe derselbe, so alt ihr auch werdet, bis ihr grau werdet, will ich euch tragen. Ich habe es getan, und ich werde euch weiterhin tragen, ich werde euch schleppen und retten." Der das gesagt hat, ist immer noch derselbe und steht immer noch dazu. Aber er hat gerne menschliche Hände dabei.

Vertrautes entzieht sich,
das Nahe wird fremd

„Und was hat dir an der Erzählung von Jesus am besten gefallen?" – „Dass alles so gut ausgeht." Eine Szene aus dem Religionsunterricht vor den Osterferien. Die Lehrerin hatte von den letzten Tagen Jesu in Jerusalem erzählt, von dem Mahl mit den Jüngern, von der Angst im Ölgarten, von der Kreuzigung auf Golgotha und von der Auferstehung Jesu am dritten Tag. Für den achtjährigen Marcel war wichtig: Prima, dass es so gut ausgegangen war. Eigentlich denkt er das immer, dass etwas gut ausgeht. Das gehört wohl zu dem Vorschuss an Vertrauen, das Kinder in die Welt mitbringen. Vielleicht hat Jesus deswegen gesagt: Wenn ihr nicht werdet wie die Kinder. Die vertrauen noch darauf, dass es gut ausgeht. Aber mit zunehmenden Jahren kommen die Gelegenheiten, in denen Vertrauen enttäuscht wird. Man könnte auch sagen, da kommen Dinge anders, als wir sie uns vorgestellt haben, und wir können nicht leicht den Sinn darin entdecken.

Ist das Vertrauen verbraucht, oder ist es nicht mitgewachsen in den Augenblicken, wo es sich zu bewähren hatte? Wenn das Leben sich entwickelt, erleben wir so etwas wie eine Qualitätsveränderung. Das

Krabbeln wird zum Gehen, Stammeln wird zum Reden, Gelerntes wird zur Gewohnheit und zum Können. Wie ist das mit dem Vertrauen? Es bleibt nicht ohne Prüfung. Es kann darin wachsen und eine neue Qualität gewinnen. Könnte das der Glaube sein, der auch dann noch trägt, wenn das Vertraute unsere Fragen nicht mehr so beantworten kann, dass wir sehen, wohin wir gehen? Es ist schade, dass es gerade für ältere Leute zu wenig Gelegenheit gibt, zwanglos darüber zu reden, was sie von ihrer Lebensgeschichte halten und ob die gut ausgehen wird. Wo soll man mit seinen Zweifeln und Vorbehalten bleiben, wenn fälschlicherweise vorausgesetzt wird, dass ältere Menschen mit zunehmenden Jahren weniger Glaubensschwierigkeiten haben. Da klingt es dann eher etwas verschüchtert, wenn die Dame im Altenheim meint: „Also Auferstehung, ich weiß nicht. Ewiges Leben kann ich mir nicht vorstellen." Stimmt, da kommen wir mit der Vorstellung nicht mehr weiter, auch wenn wir in unserem irdischen Alltag niemals auf Bilder und Vorstellungen verzichten können. Aber das Vertraute ist da nicht mehr die Antwort auf die letzte Frage nach dem Sinn des Lebens.

In seinen letzten Lebenstagen hat es der Schauspieler Ernst Ginsberg auf seinem Krankenlager so empfunden: „Vertrautes entzieht sich, das Nahe wird fremd." Und er sagt von sich, dass er ins Dunkel betet, in der Hoffnung, dass es zerreißt. Es ist die Hoffnung, dass der Glaube die endgültige Art des Sehens wird in der Welt, in der alles ganz anders und verwandelt sein wird. Selig sind die, die sich nicht mehr darauf verlassen, dass sie hier schon alles sehen können. Selig sind die, die glauben, aber nicht ohne Grund. Mit gutem Grund glauben, das haben wir gelernt von den Menschen, die ihre Erfahrungen mit Jesus gemacht haben, die mit ihm gegangen sind, die an seinem Leiden verzweifelt sind und die sich nicht vorstellen konnten, was dann geschah. Der Gekreuzigte und qualvoll Gestorbene hat sich ihnen als der Lebendige erwiesen. Und das geschieht für jeden Menschen, der an den Auferstandenen glaubt. Dieser Glaube fordert heraus und verwandelt. Er lässt aber auch in froher Bereitschaft bekennen: Deinen Tod, o Herr, verkünden wir, und deine Auferstehung preisen wir. Das geschieht in der Freude darüber, dass Christus uns schon in seine Auferstehung mit hineingenommen hat und dass unsere Geschichte gut enden wird. Wer kann sich das vorstellen?

Viel Leben auch im kleinen Rahmen

„Den letzten Winter habe ich fast nur am Fenster erlebt." Da wird der Horizont schon ein bisschen eng
für einen Fotografen, der sonst leidenschaftlich unterwegs war und sich auf Weltreisen nicht sattsehen
konnte. Aber es ist erstaunlich, was es dann doch alles zu sehen gibt, wenn man sich mit dem kleineren
Rahmen versöhnt, in dem die Natur erscheinen will.
„Die Fotos sind alle vom Fenster aus gemacht",
schrieb mein Bekannter dazu. Für mich steckte darin immer noch eine erstaunliche Vielfalt. Vielleicht
sehen wir manches in unserer Welt und auch in unserem Leben erst dann, wenn der Rahmen kleiner wird.
Da kann es passieren, dass man länger und nachdenk-
licher hinschaut und nicht nur verborgene Schönheiten entdeckt, sondern auch im Kleinen die Spielregeln der großen Welt ablesen kann.

Von Leuten, die wochen- oder monatelang ans Bett
gefesselt waren, habe ich manche solcher Fensterge-
schichten gehört. Da konnte eine Fliege am Fenster
über lange Zeit die Aufmerksamkeit fesseln und den
trägen Tag verkürzen. Sogar der Hubschrauber, dessen Landeplatz im Klinikfenster zu sehen war, wurde
nicht als Lärm, sondern als Abwechslung empfunden.
Im Fensterrahmen kann es sehr lebendig zugehen.

Als meine Blumen am Fenster abgeblüht waren, habe ich zwei Stäbe in den Blumenkasten gesteckt. Sie wirken wie phantasielose Äste, aber es hängen Meisenknödel daran. Schnell stellt sich die Kundschaft dafür ein, denn die Meisen erinnern sich noch daran, dass da im letzten Jahr auch was zu holen war. Meisen sehen nicht nur lustig aus, sondern sind auch eine lustige Gesellschaft, selten ist ein Vogel allein unterwegs. Wenn sie anfliegen, scheint es auch so etwas wie eine Rangordnung zu geben, wo einer dem anderen widerspruchslos Platz macht. Auffallend ist, dass sie immer zuerst an ihr Leben und nicht an das Futter um jeden Preis denken. Beim Picken fliegen die Augen hin und her und nehmen jede Veränderung wahr. An meinem Fenster droht keine Gefahr, aber die Vögel wissen halt, dass sie auch nicht mehr im Garten Eden wohnen.

Ich weiß nicht, wie sehr sich Vögel in ihren Essgewohnheiten unterscheiden. Für das Futter der Meisen interessieren sich manchmal auch Rotkehlchen. Aber die können sich nicht so artistisch unter die Futterkugel hängen wie die Meisen. Sie müssen sich mit dem zufrieden geben, was in den Blumenkasten fällt, wenn die Meisen es aussortieren. Die schmeißen beim Picken manches nach rechts und links weg, was ihnen nicht passt. Das erinnert so ein bisschen an das Spinatessen bei Kleinkindern. Ach ja, und dann scheint es auch so eine Art Tagesplan zu geben, der mir nicht schlecht gefällt. Meist fliegen die Meisen gegen zehn Uhr an. Vorher haben sie wahrscheinlich den Schnabel voll mit Zwitschern. Wenn ein Vogel mal sehr früh beim Futter auftaucht, scheint es ein sehr junger zu sein, der morgens nicht mehr Ruhe geben will. Und irgendwann gibt es dann keine Meisenknödel mehr, weil die Natur reichlich Futter bietet. Aber die Meisen kommen immer noch und schauen, ob man hier vielleicht leichter ans Futter kommen kann. Weiterfüttern wäre natürlich falsches Mitgefühl. Jetzt ist das Fenster wieder frei für neue Geschichten, die sich in diesem Rahmen abspielen.

Was die Speisekarte nicht schafft

Der Junge kam von Griechenland. Sein Freund hatte ihn mitgenommen nach Kanada. In Toronto saßen sie in einem Restaurant. Die Bedienung war nett, aber das Lokal strahlte eine Traurigkeit aus. So empfand es der Junge. Für ihn war es das erste Mal, dass er Leute allein in der Öffentlichkeit essen sah. Der Anblick verstörte ihn. So schildert es Anne Michaels in ihrem Roman „Fluchtstücke". Von zu Hause kannte der Junge nur das gemeinsame Essen mit Menschen, die zusammengehörten oder gern zusammen sein wollten. Sie kannten sich und konnten unverkrampft am Tisch sitzen und genießen und sich auch Zeit dafür lassen.

Von solcher Tischgemeinschaft können wir heute oft nur noch träumen. Natürlich kann man sich mit der reinen Nahrungsaufnahme zufriedengeben, weil wir die zum Leben brauchen. Aber wenn man über den eigenen Tellerrand schaut, wird man feststellen, dass sich gerade ums Essen eine besonders reiche Kultur entwickelt hat. Und diese Kultur bezieht sich nicht nur auf die Vielfalt der Speisen, sondern vor allem auch auf die Geselligkeit, in der sich Wertschätzung füreinander ausdrückt. Da kann es dann bei Pellkartoffeln sehr einfach zugehen, aber es bleibt viel

Zeit und Aufmerksamkeit für Gäste, die zum gemeinsamen Mahl eingeladen sind. Und wenn später von einem solchen Gemeinschaftserlebnis die Rede ist, wird die Speisekarte keine Rolle spielen. Da bleibt nicht nur in Erinnerung, was satt gemacht hat, sondern was lebendig gemacht hat.

Von Menschen, die aus ihrer Heimat ausgewandert sind oder vertrieben wurden, kann man gelegentlich hören, dass sie die Erinnerung an das gemeinsame Mahl als einzigen Besitz mitgebracht haben. Den wollen sie sich nicht nehmen lassen.

Als Jesus mit seinen Jüngern zum letzten Abendmahl zusammenkam, ging es auch um ein Mahl, das voller Erinnerung steckte an die Geschichte des auserwählten Volkes. Die Befreiung aus der Knechtschaft in Ägypten sollte immer wieder ins Gedächtnis gerufen werden. Auch Christen werden diese Befreiungsgeschichte nicht vergessen, aber Jesus tut etwas, was in eine ganz neue Zukunft weist. Er verbindet mit dem Mahl die Kraft des Lebens, die er uns in seinem Tod am Kreuz und in seiner Auferstehung erworben hat. Unter den Zeichen von Brot und Wein reicht er seinen Jüngern und uns seinen Leib und sein Blut und sagt dazu, dass wir so zu seinem Gedächtnis Mahl halten sollen. Jesus macht bei diesem Mahl nicht den Versuch, seinen Jüngern etwas zu erklären. Er vertraut darauf, dass das Leben uns lehren wird, was lebenswichtig ist. „Tut dies zu meinem Gedächtnis." Wenn ihr das im Leben immer wieder tut, werdet ihr langsam spüren, welche Kraft von diesem Mahl ausgeht. Sie wird euch helfen, das Leben und den Tod zu bestehen.

Was Mensch und Pflanze verbindet

Wenn es in den Urlaub geht, gibt es vorher immer einiges zu regeln. Manchmal muss vorgearbeitet werden, damit sich niemand über meine Abwesenheit ärgern muss. Man sollte sich am besten nicht auf ein Versprechen festlegen: Das mache ich dann im Urlaub, da habe ich ja Zeit. Natürlich, Zeit schon, aber wahrscheinlich nicht die richtige Einstellung. Erfahrungsgemäß scheinen sich alltägliche Aufgaben und Verpflichtungen nicht gut mit dem Freiheitsgefühl der „fünften Jahreszeit" zu vertragen. Da sind ganz einfach andere Dinge an der Reihe: wandern, lesen, einfach dasitzen und schauen, die Gedanken laufen lassen, wohin sie wollen und nicht, wohin sie sollen, damit ein vorzeigbares Ergebnis herauskommt. Vielleicht auch einfach mal fühlen, wer ich bin, wenn ich nichts tue.

Übrigens: Zu den Vorbereitungen auf den Urlaub gehört für mich auch, dass ich jemanden finde, der meine Blumen und Pflanzen versorgt. Ich habe das vorher für andere getan, also finde ich schon jemanden. Mit dieser Pflege verbindet sich eine interessante Erfahrung. Wenn ich selbst etwas in Pflege nehme, schließe ich mit den Pflanzen gleichsam einen Vertrag, dass sie mich nicht im Stich lassen sollen. Ich verspreche ihnen regelmäßige Wasserversorgung und sie mögen sich bitte vorteilhaft entwickeln, damit mir nicht hinterher Klagen kommen. Man möchte ja schließlich vor denen bestehen können, die einem etwas in Pflege gegeben haben. Und so kommt es, dass da eigentlich eine ständige gedankliche Verbindung zu denen besteht, die sich in Urlaub befinden, und denen, die daheim eine Verpflichtung übernommen haben.

Das könnte zu der Erkenntnis führen: Wenn du willst, dass jemand in deiner Abwesenheit an dich denkt, dann gib ihm eine Blume in Pflege. Ich denke, die meisten werden ihren Ehrgeiz dareinlegen, die Blume noch schöner wieder bei dir abzuliefern, als du sie zurückgelassen hast. Natürlich kann es auch passieren, dass man sich für blumenpflegerische Aufgaben erst ein bisschen fit machen muss. Hilfreich sind hier vor allem die Weisheiten, die Leute über den Gartenzaun hinweg weitergeben. Der Vorteil hierbei ist: Man kann an Nachbars Garten sehen, welche Weisheiten sich bewährt haben. Da ist eine passionierte Gärtnerin davon überzeugt, dass es im Garten bei aller Liebe zu den Kräutern eben doch auch Unkraut gibt. Aber bei einer guten Ernte kann man ein paar Disteln ertragen. Und der Kompost wird zur Sparbüchse des Gärtners erklärt. Gesundheitlich hoch angesetzt wird der Garten zur Apotheke des armen Mannes. Und natürlich wird man den Garten in seiner natürlichen Pracht auch mal genießen dürfen, aber ein Garten entsteht nicht dadurch, dass man im Garten sitzt. Und wer seit Jahren ein Fleckchen Erde als Garten bestellt, wird durchaus der Weisheit zustimmen: „Erfahrung ist der beste Mist."

Wen fragt Gott um Rat?

„Die meisten Menschen möchten Gott dienen – aber nur als Berater." Man kann das für eine etwas freche Behauptung halten, denn es gibt wirklich Menschen, die Gott dienen wollen, die nach seinem Willen fragen. Die leben möchten nach der Ordnung, die Gott in seine Schöpfung gelegt hat. Aber wie ist es mit denen, die Gott nur als Berater dienen möchten? Berater sein ist ja ein durchaus zeitgemäßer Beruf. In unserer Gesellschaft haben wir uns in vielen Bereichen daran gewöhnt, dass wir Beratung brauchen. Seit Jahren kann man hören: Wir sind eine Ratgeber-Gesellschaft geworden. Für alles und jedes brauchen wir Beratung.

Das scheint einige Leute auf die Idee zu bringen, dass möglicherweise auch Gott Beratung gebrauchen könnte. Weil aber Gott niemanden um seinen Rat gefragt hat, kann man eigentlich nur von selbsternannten Ratgebern sprechen. Und davon gibt es dann eine ganze Reihe, die alles besser wissen, die Gott erklären möchten, wo seine Schöpfung verbesserungsbedürftig ist. Und manche gehen so weit, dass sie Gott darüber aufklären möchten, dass es nach den Erkenntnissen der Naturwissenschaft gar keinen Platz mehr für ihn geben kann.

Es ist wohl wenig hilfreich, gegen solche Ideen zu kämpfen. Mir scheint, es ist viel wichtiger, dass wir uns als Christen fragen: Was glaube ich denn? Wie berührt mich all das, was ich als Botschaft höre, die dem Leben dienen will? Was macht mich darin wirklich froh, was macht mich nachdenklich? Wo spüre ich, dass ich von Gott angesprochen bin? Wie kann ich zu einem aufmerksamen Hörer werden, und wie versuche ich, Gott zu antworten?

So ganz einfach ist das nicht mit der richtigen Antwort. Manchmal glauben wir zu schnell, etwas verstanden zu haben. Ich denke da an eine Situation, wo Jesus seinen Jüngern sagt: Das könnt ihr jetzt noch gar nicht verstehen. Aber ich sende euch den Heiligen Geist. Der wird euch alles erklären. Und da wird dann vieles anders ausfallen, als Menschenweisheit sich das ausdenken möchte oder könnte.

Diesen Geist, der für Überraschungen gut ist, feiern wir an Pfingsten. Für Christen ist dieses Fest mehr als eine Gelegenheit zum Ausflug ins Grüne, wie etwa Goethe es nahelegt mit seinem Wort: „Pfingsten, das liebliche Fest, war gekommen, es grünten und blühten Feld und Wald." Das mit dem Blühen stimmt natürlich, und wir freuen uns daran, wie überall die Zeichen des Lebens sichtbar werden. Aber beim ersten Pfingstfest ging es noch wesentlich stürmischer zu, und es geschahen Dinge, die viele Menschen als eine unglaubliche Bereicherung empfunden haben. Da wäre niemand auf eine heute gängige Aussage gekommen: „Das Bezeichnende an Pfingsten ist, dass es keine Geschenke gibt." Für Christen hört sich das anders an. Da ist in einem festlichen Gesang – der Pfingstsequenz – die Rede von vielen Gaben, die der Geist schenken will, so wie jeder bedürftig und aufnahmebereit ist. Der Geist ist Licht in der Dunkelheit, er kann Herz und Sinn erfreuen, er will trösten in Leid und Tod, er ist nicht oberflächlich, sondern dringt bis auf den Grund der Seele, und auf jeden Fall kann ohne ihn nichts heil und gesund bestehen.

Und er muss in seinem Handeln nicht beraten werden, denn er ist selbst der Geist des Rates.

Wenn Gott dich
in die andere Hand nimmt

Wenn man nicht richtig Abschied nimmt, glaubt man immer noch, dass jemand plötzlich um die Ecke kommt. Das war eine Erkenntnis, die sich aus Gesprächen ergab, die sich mit den verschiedenen Formen des Abschieds von Verstorbenen beschäftigten. Wie unterschiedlich dieser Abschied sein kann, drückt sich auch in den Todesanzeigen aus, die man in Tageszeitungen findet. Wer schon mal eine solche Anzeige aufgegeben hat, weiß natürlich von der nicht-alltäglichen Situation der Trauer und den vielen Dingen, die bedacht und organisiert werden müssen. Da ist es nicht immer einfach, die richtigen Worte zu finden. Manchmal hilft das Beerdigungsinstitut neben den praktischen Dingen mit einer Idee für die Anzeige. So wird gern ein Satz von Franz Kafka übernommen: *Man sieht die Sonne untergehen und erschrickt doch, wenn es plötzlich dunkel ist.* Manche entscheiden sich für Saint-Exupéry: *Wenn ihr mich sucht, sucht mich in euren Herzen. Hab ich dort eine Bleibe gefunden, bin ich immer bei euch.*

Vielen Texten spürt man die persönliche Note an. Die eigene Trauer wird ausgedrückt, aber oft auch etwas von der Überzeugung der Verstorbenen, wie sie über Leben und Tod gedacht oder gesprochen haben. Da klingt es dann so zuversichtlich wie: *Im Tod nimmt uns Gott von der einen Hand in die andere.* Oder: *Und meine Seele spannte weit ihre Flügel aus, flog durch die stillen Lande, als flöge sie nach Haus.* In abgewandelter Form finden sich auch die Gedanken: *Als der Weg für mich zu mühsam wurde, hat Gott mich heimgerufen.* Oder jemand fühlt sich befreit, *nicht mehr kämpfen müssen, wenn man nicht mehr weiß, wofür.* Gehen dürfen, wenn man das Hier und Heute nicht mehr versteht.

Manche Texte drücken nicht nur ein liebendes Gedenken aus, sondern auch die Hoffnung auf eine neue Art des Kontakts. Peter Härtling schreibt in seinen Erinnerungen: „Der Krieg raubte mir meine Eltern und schenkte mir die Gabe, mit den Toten zu sprechen." Der Volksmund sagt: *Die Wand zu den Verstorbenen ist sehr dünn.* Auf einem Totenzettel in Österreich haben die Kinder für ihre Mutter geschrieben, was sie im Leben wohl oft zu hören bekamen: *I schlaf' ned, I hör euch scho.* Da spürt man richtig die dünne Wand.

Mancher Abschied wird empfunden, als hätte sich jemand auf eine Reise gemacht. Jemand geht uns voraus oder begleitet uns auf der anderen Seite des Weges. Zur Verbindung mit den Verstorbenen gehören oft auch Gedenktage, wie Geburtstage oder andere Anlässe. Sie sollen die Erinnerungen lebendig erhalten, lassen aber auch den Schmerz neu empfinden. *Jetzt sind es schon 1533 Tage, die du uns fehlst,* war da in einer Anzeige zu lesen.

Bei allem Ernst um Tod und Trauer gibt es allerdings auch Formen, in denen sich Leute salopp und eigenwillig profilieren. Roberto Benigni tut es mit dem Satz: *Sterben mag ich nicht. Das ist das Letzte, was ich tun werde in meinem Leben.* Erich Kästner lässt aufhorchen mit einer geplanten Grabinschrift, die aber nicht verwirklicht wurde: *Lieber Leser, hier ruhen meine Gebeine. Mir wäre es lieber, es wären deine.* Eine alte römische Inschrift will wohl sehr unterkühlt wirken: *Ich war nicht, ich bin nicht, mich kümmert nichts.* Da klingt dann schon zielstrebiger, was auf dem Friedhof von Erbach im Rheingau zu lesen ist: *Hier ruht in Gott in Erwartung einer fröhlichen Auferstehung Prinzessin Marianne von Preußen.* Ein Zahnarzt hat seinen Abschied damit genommen, dass er auf die Rückseite seines Grabsteins schreiben ließ: *Jetzt habe ich das letzte Loch gefüllt.* Und Rupert Neudeck, der sich unermüdlich für Menschen in Not eingesetzt hat und das für sinnvoll hielt, auch wenn kein Ende der Not abzusehen war, ließ in seine Anzeige die Worte von Albert Camus schreiben: *Man muss sich Sisyphos glücklich vorstellen.*

Werte sind nicht Gold wert

„Da gehen wir am besten in etwas Wertbeständiges. Wir haben an Gold gedacht." Das sind Überlegungen, mit denen man Zukunft absichern möchte. An Gold hatte auch der König Midas in Kleinasien gedacht, als er sich wünschte, alles möge zu Gold werden, was er berührte. Damit wurde alles für ihn ungenießbar. Von Gold kann sich schließlich keiner ernähren. Komisch, da saß also jemand umgeben von vermeintlich hohem Wert, der aber für das Leben total wertlos war, ja geradezu tödlich. Wahrscheinlich kann man ganz allgemein sagen: Was dem Leben schadet, hat keinen Wert. Umgekehrt könnte man fragen: Welche Werte braucht das Leben? Gibt es darin eine Übereinstimmung? Und wer kümmert sich darum? Sind Werte beständig oder sind sie anfällig für Entwertung bis hin zur Abschaffung?

Dass sie uns nicht gleichgültig sind, sieht man wohl immer wieder an den angesagten Wertediskussionen. Aber gerade in solchen Bemühungen zeigen sich die oft sehr unterschiedlichen Einschätzungen. Was den einen wertvoll ist, kann für die anderen schon überholt und wertlos sein. Gibt es also eine Werteunbeständigkeit oder einen Wertewandel? Woher kommt dieser Wandel, wer hat darauf Einfluss? Wenn Dinge kompliziert werden, frage ich mich am liebsten selber. Was sehe ich als Wert an? Von welchen Werten glaube ich, dass sie unentbehrlich sind für das Zusammenleben? Haben sich Werte im Lauf meines Lebens verändert, sind Akzente verschoben worden, weil sich mein Lebensumfeld verändert hat? Woher habe ich die Werte eigentlich, und wozu sind sie gut?

Wenn man weit genug zurückdenkt, hat es eine Zeit gegeben, in der es den Menschen vor allem darum ging, für sich selbst zu sorgen und sich zu behaupten. Mit den Formen des Zusammenlebens entstand dann die Notwendigkeit von Spielregeln, von Werten, die in Übereinstimmung hilfreich waren. In der frühen Entwicklung von Werten spielte eine Rolle: der Schutz des Lebens, der Schutz des Eigentums, der Schutz der Ehre und die Regelung der Beziehung zwischen den Geschlechtern. Wahrscheinlich sind das auch heute noch die Eckpunkte, die in der Wertediskussion eine Rolle spielen. Wenn es dann aber in den persönlichen Alltag geht, brauchen die Grundwerte eine Entfaltung. Da zählen dann Treue und Verlässlichkeit, Sorge und Hilfsbereitschaft. Viele Eltern sehen den größten Wert in der guten Ausbildung für ihre Kinder. Unschätzbar ist der Wert guter Freundschaften, und mehr und mehr geht es um den Wert der Verständigung unter Menschen verschiedener Herkunft mit ihren ganz unterschiedlichen Werten, die sie aus ihren Kulturkreisen mitbringen. Respekt und Toleranz bekommen da besondere Bedeutung.

Am überzeugendsten wird aber immer wirken, wenn benannte Werte auch gelebt werden. Das ist auch die beste Art, sie weiterzugeben. Beim Tod einer geschätzten Persönlichkeit war es sicher ehrenvoll gemeint, wenn gesagt wurde: Mit ihr starben Werte wie Treue und Beständigkeit. – Aber das glaube ich nicht. Was gelebt wird, behält seinen Wert, auch wenn darüber nicht viel geredet wird. Gelebte Werte haben eine geistige Kraft, die keine Reklame braucht, um Bedeutung zu behalten. Gelebte Werte wirken in der Stille. Manchmal braucht es Zeit, bis sie von denen entdeckt und erweckt werden, die sich fragen, wie man sinnvoll lebt. Werte sind nicht gut allgemein zu verordnen, sie brauchen die persönliche Annahme. Wer aus Überzeugung zu ihnen steht, behält auch bei Gegenwind ein gutes Stehvermögen. Bischof Kamphaus hat das mal so formuliert: Da bleibt ein Mensch sich treu. – Mit einem solchen Wert ist Zusammenleben auch in Zukunft möglich.

Wo die Stille von innen wächst

Die einen gehen in die Wüste, die anderen steigen auf den Turm. Es sind Leute, die die Stille suchen, die Einsamkeit. Als es noch nicht so viele Türme gab, gingen Menschen in die Wüste. Sie wurden Eremiten, die in großer Einfachheit das Gespräch mit Gott suchten. In ihren Kreisen hat sich eine Weisheit der Wüste entwickelt, die viele suchende Menschen fasziniert hat. Nicht jeder konnte in die Wüste gehen, aber die Begegnung mit Gott war überall möglich. Carlo Carretto, der die Prägung der Wüste erfahren hat, gab die Anregung weiter: In deiner Stadt ist deine Wüste, und Stillwerden ist das Wichtigste, was von uns verlangt wird. Diese Anregung wird heute in manchen Städten in der Form aufgegriffen, dass in Kirchtürmen die alten Türmerstuben zu Mietwohnungen auf Zeit werden.

Früher konnte ein Türmer darin alt und grau werden. Er hatte hier seine Lebensaufgabe. Er hatte den Überblick und konnte vor Gefahren warnen und schlug stündlich die Glocke, damit die Zeit nicht maßlos zerrann. Der Beruf des Türmers war ein ehrbarer Dienst, auch wenn es bei Wilhelm Busch von übermütigen Kindern heißt: „und grüßten keck mit Hohngelächter, des Turmes hochgestellten Wächter".

Seit die Uhrzeit von Funktürmen reguliert wird, hat jeder von uns auch ohne den Türmer die richtige Zeit, auch wenn er sich nicht danach richtet. Vielleicht mieten sich heute Menschen in der Türmerwohnung ein, weil sie sich nach der inneren Uhr richten wollen. Ein Mann stieg nach dem Tod seiner Frau in den Turm mit der Frage: „Was will das Leben noch von mir?" Und er meinte die Antwort zu hören: „Da sein – nicht fragen." Eine Frau fand den Anfang in der Türmereinsamkeit nicht leicht. Aber dann erlebte sie: „Hier können die Gedanken laut werden." Und ein Mann, der sich nicht für besonders religiös hielt, meinte: „Die Stille ist für mich Beten. Es gibt Geborgenheit ohne Worte."

Manche Leute trauen den Worten solcher Turmeremiten und folgen ihrem Beispiel. Die Erkenntnis ist: „Man muss sich auf etwas einlassen. Das ist der einzige Weg für bestimmte Erfahrungen." Von einer kostbaren Erfahrung erzählt ein Türmer aus der weihnachtlichen Zeit: „Es war herrlich, über all der Hektik zu stehen und zu spüren, wie die Stille von innen wächst." Ein anderer Turmbewohner ist spätabends, als alle Kirchentüren geschlossen waren, vom Turm in die Kirche gestiegen und hat auf seiner Geige gespielt. Auf die Frage, für wen er gespielt habe, meinte er: „In der Stille singt die Geige ganz anders. Das Schöne braucht nicht immer die Bühne." Und wenn man den Worten von Georg Thurmair in „Türmers Nachtgesang" glauben darf, dann können

Turmerlebnisse den Horizont weit machen: „Ich hab die Welt verlassen und stehe auf dem Turm, ich kann die Sterne fassen und sprechen mit dem Sturm."

Wo kann man lernen und wofür?

Mal wieder so ein geschenktes Auto. ABI stand im Rückfenster. Da hatte es also wieder jemand geschafft, so eine entscheidende Hürde im Leben zu nehmen. Und gleich kam dabei so ein Gefühl auf: Das ist die letzte Hürde vor der Welt, die einem nun offen steht. Ab jetzt geht alles leichter und schneller. Man merkte das ja schon am Auto. Jüngeres Baujahr; roch also noch nach „frischem Abitur". Aber komisch, irgendwas stimmte da nicht. Da stand „ABI 1972. Und dann folgten noch viele Prüfungen."

Das war also ein Irrtum mit der letzten Hürde. ABI ist nicht das Ende aller Prüfungen. Und wenn jemand sich ein solches Schild ins Auto hängt, das auf die vielen folgenden Prüfungen des Lebens aufmerksam machen will, könnte man auf die Frage kommen: Und was hat das ABI bei allen folgenden Prüfungen geholfen? Falsch kann die Frage ja nicht sein, denn wir wurden ja auf unserem Bildungsweg immer wieder mal daran erinnert, dass wir für das Leben lernen und nicht für die Schule.

Diese Weisheit wurde uns weitergereicht mit der Respekt einflößenden Unterschrift des römischen Philosophen Seneca. Das klang ziemlich gescheit, hatte aber wenig Auswirkung auf unseren Alltag. Und oft genug konnte man doch den Eindruck haben: Für die Schule lernen wir, nicht fürs Leben. Jemand hat nachgeforscht und herausgefunden, was der alte Seneca wirklich gesagt hat. Und es scheint zu stimmen, dass der weise Römer gesagt hat: Für die Schule lernen wir, nicht fürs Leben. Aber das war keine Anleitung, sondern eine harsche Kritik. Man könnte Seneca für einen frühen Bildungskritiker halten, der als pensionierter Politiker Erfahrungen gesammelt hatte. An vielen Zeitgenossen hatte er erlebt, dass sie furchtbar gescheit reden konnten, aber nicht richtig zu leben verstanden. Er hatte sich gewünscht, dass man der gelehrten Schulbildung mehr gesunden Menschenverstand abgewinnen würde. Lebensweisheit hilft nach seinen Worten mehr als Schulweisheit.

Seine Kritik galt den damaligen Philosophenschulen, die sich an Problemen abarbeiteten oder abdachten, die er für lebensuntauglich hielt. Er sprach sogar von einer unmäßigen Sucht nach Gelehrsamkeit. Das alles sagt nichts gegen Bildung. Die Frage ist: Wie gestalten wir das Leben mit dem, was wir gelernt haben? Und wie bestehen wir in den Prüfungen, die nach dem ABI vom Leben gestellt werden? Und dann sollten nicht die vielen Menschen vergessen werden, die ohne viel Schule viel für das Leben getan haben. Wohingegen man ungern an Leute denkt, die mit privilegierter Ausbildung dem Zusammenleben geschadet oder Menschen in den Abgrund regiert haben.

Wie stand es auf dem Schild? „Und dann folgten noch viele Prüfungen." Da klingt etwas mit, was auch an schmerzliche Erfahrungen rührt. Das Leben lässt uns nicht immer Zeit, uns auf Prüfungen vorzubereiten. Oft sind sie einfach da und brauchen unsere Antwort. Es gibt einfach das Neue am Leben, das man nicht vorher lernen kann. Und doch können wir in solchen Prüfungen bestehen, wenn wir uns nicht allein auf unser Wissen verlassen.

Worte, die zu Herzen gehen

Ich höre gern zu, wenn sich ein Gespräch von Mensch zu Mensch entwickelt. Manchmal fängt so etwas mit einer neugierigen Frage an. Sogar aus dem reichlich abgenutzten Wort „wie geht es dir" kann sich ein Gespräch entwickeln, wenn jemand den Eindruck hat, da gibt es eine ganz unverkrampfte Bereitschaft zum Hören. Ein offenes Ohr kann der Anfang einer Freundschaft sein. Und von der Bibel her kennen wir das Wort: Der Glaube kommt vom Hören. Und wenn es stimmt, dass am Anfang das Wort war, dann ist wohl Hören das Sinnvollste, was man tun kann. Von Immanuel Kant stammt das Wort: Nicht hören trennt den Menschen vom Menschen. Nach Johannes Tauler kann man dem Wort nicht besser dienen als mit Schweigen und Hören. Aber dabei kann es ja nicht bleiben, denn das Wort will eine Botschaft zum Menschen bringen. Und diese Botschaft trifft nicht nur den einzelnen Menschen, sondern will auch Gemeinschaft unter den Menschen fördern.

Wir kennen aus der Heiligen Schrift Beispiele, wie Menschen persönlich angesprochen wurden und wie sie darauf reagierten. Von dem jungen Samuel wird erzählt, wie er das Hören auf Gott erst lernen musste, um dann sagen zu können: Rede, Herr, dein Diener hört. – Dazu gehört Mut. Vielleicht fehlt es manchmal daran, weil zu schnell der Gedanke kommt: Was muss ich denn alles glauben, wenn ich jetzt zum Hören bereit bin? Aber darauf meinte jemand ganz praktisch: Du brauchst nicht gleich zu glauben, nur zuzuhören, wenn er zu dir spricht. Das klingt so einfach, entspricht aber durchaus dem Leben, in dem man einen Schritt nach dem anderen macht. Und es ist ja auch so, dass dieses Hören nicht aufhört, es bleibt eine Grundhaltung für das ganze Leben. Ermutigend ist natürlich, wenn man in nächster Umgebung solche Menschen erlebt, die sich persönlich ansprechen lassen und einen Draht zu Gott haben. Solche Menschen brauchen nicht zu reden und haben doch Wichtiges zu sagen. In diesem Sinn meinte der jüdische Schriftsteller Elie Wiesel: Es war ein Gebot, auf den anderen zu hören. Nach den Worten eines geistlichen Lehrers gab Gott uns die Menschen und Dinge, die ganze Schöpfung. Durch sie werden wir ihn hören und schauen. So werden wir uns weniger täuschen, als wenn wir glauben, mit Gott zu reden und dann alles genau zu wissen.

Wahrscheinlich geht es beim Hören gar nicht zuerst um das Anhäufen von Wissen. Im ersten Satz der Regel des heiligen Benedikt ist die Rede vom „Hören mit dem Ohr des Herzens". Und ein arabischer Weiser sagt noch konsequenter: Wir werden nur mit dem Herzen hören, wenn Worte aus dem Herzen gesprochen sind. Sonst bleiben sie an den Ohren hängen.

Zankäpfel der Menschheit

„Alle Menschen werden Brüder!" Der große Wunsch-
traum aus Beethovens Neunter Symphonie wird immer wieder mal bei feierlichen Veranstaltungen wie
beispielsweise zum Tag der Deutschen Einheit besungen. Man singt begeistert und behält seine Zweifel.
Kann es sein, dass wir manchmal besonders kräftig
besingen, was wir in der Wirklichkeit nicht so richtig hinbekommen? Oder legen wir die Latte manchmal auch in eine Höhe, die wir nicht erreichen können? Aber manchmal liegt die Latte ja schon so hoch.
Wir haben sie gar nicht dahin gelegt. Wir haben sie
so vorgefunden und man sagt uns, dass andere es geschafft haben, diese Höhe zu bewältigen. Haben sie
das wirklich, oder war es für sie auch ein Traum, eine
Idealvorstellung, die man gern erreicht hätte? Vielleicht war ja manches „Ideal wirklich", aber eben
doch nicht allzu lange.

Warum ich auf die Idee komme? Ich lese jeden Tag
einen Abschnitt in einem Buch, das sich mit Zankäpfeln beschäftigt. Eine verprellte Göttin, die nicht
zu einer bestimmten Hochzeit eingeladen wurde,
rächte sich in der Form, dass sie einen Apfel in die
Hochzeitsgesellschaft warf mit der Aufschrift: „Der
Schönsten". Das gab so viel Wirbel, dass daraus der

Trojanische Krieg entstand. Und damit das nicht der letzte Streit war, fanden Menschen immer wieder Zankäpfel. In dem erwähnten Buch geht es sogar speziell um Zankäpfel der Kirche.

Nanu, gibt es das denn auch unter Leuten, von denen es am Anfang hieß: Sie waren ein Herz und eine Seele? Die Zeugnisse der frühen Kirche lassen keinen Zweifel daran, dass an Zankäpfeln kein Mangel war. Man musste sie gar nicht suchen. Sie waren einfach da, weil die Menschen unterschiedlich dachten, verschiedener Herkunft waren und zusammen einen Weg suchten, den es noch nicht gab. Es war unvermeidlich, bei Meinungsverschiedenheiten auch zu streiten, wenn einem eine Sache nicht gleichgültig war. Es hat natürlich immer wieder Leute gegeben, die solchen Streit unter Christen als deutliches Zeichen dafür hielten, dass an ihrer Überzeugung etwas nicht stimmte, vor allem wenn sich aus dem Streit auch noch Parteiungen und Spaltungen ergaben.

Ein Theologe der frühen Kirche, Origenes, hielt den Streit nicht für etwas Verwerfliches. Schließlich gehe es ja nicht um kleine und triviale Fragen, sondern um Gott, das heißt um Leben und Tod. Und da wird der Mensch mit seinem Verstand immer wieder den Versuch unternehmen, der Wahrheit ein bisschen näher zu kommen. Und das wird wohl immer auch Auseinandersetzung und Streit bedeuten. Natürlich kommt der Mensch nie ganz an die Wahrheit heran, und das Problem ist dann, dass wir uns das nicht so richtig eingestehen können. Man hätte ja so gerne den Stein der Weisen oder möchte wenigstens Recht behalten. Kindern sagt man bei Streitereien schon mal: Der Klügere gibt nach. Aber später kommt man dann zu dem Schluss: Wenn man immer so handeln würde, könnte das am Ende die Herrschaft der Dummen bedeuten.

Zunächst mal danke, dass ich da bin

Es war ein Morgen, an dem ich nicht gut in die Gänge kam. Es wollte drinnen und draußen nicht so richtig hell werden. Als ich schon die Tür in der Hand hatte, sah ich am Abreißkalender den Tag von gestern. Die Zeit reichte noch, um wenigstens da den neuen Tag anbrechen zu lassen. Und auch für die Neugier war noch Zeit, auf der Rückseite des Kalenderblatts das Wort für den Tag zu lesen: „Herr, ich preise dich, weil du mich erschaffen hast." Das wirkte so, wie wenn jemand eine Wolke vor der Sonne wegschiebt oder die Traurigkeit und Trägheit wie einen Nebel wegwischt.

Das Wort stammt von der heiligen Klara. Sie muss es mal so gesagt haben, dass andere es mitbekommen und weitergesagt haben. Ich glaube kaum, dass sie es aufgeschrieben hat, damit es nicht verlorenging. Das Wort kam so spontan aus ihrem Herzen, so wie sie ein- und ausatmete. Und sie hat es immer wieder in frohen und weniger frohen Stunden erklingen lassen wie ein Lied, das nichts von seiner Kraft und Begeisterung verlieren konnte. „Herr, ich preise dich."

Dieses Wort der heiligen Klara erinnert mich an ihren Freund Franziskus, bei dem sie wohl das Loben und Preisen ein bisschen gelernt hat und es mit ihm wohl auch immer wieder vor Gott getan hat. Aber während ich mich erinnere, wie Franziskus mit seinem Lob die ganze Schöpfung mit Leben und Tod umgreift, fasziniert mich bei Klara diese unkomplizierte Zielstrebigkeit, mit der sie federleicht sagen kann: „... weil du mich erschaffen hast". Liebe Klara, klarer geht's nicht. Für jeden von uns fängt alles damit an, dass wir zunächst einmal da sind. Und bevor wir noch wissen, dass wir da sind, sind wir gewollt und umsorgt – von Gott auf jeden Fall.

Und dann kommt die Zeit, in der wir es selber wahrnehmen und unsere Reime darauf machen. Mag sein, dass da nicht immer nur diese lichte Begeisterung vorherrscht, in der das Preisen über unser Dasein ein übersprudelndes Bedürfnis ist. Da sind ja auch die Stunden, in denen wir uns fragen, warum uns mit diesem Dasein auch Lasten zugemutet werden, die an die Grenze der Lebenslust gehen können. Und doch höre ich dich singen: „Herr, ich preise dich, weil du mich erschaffen hast." Daraus spricht doch dieses Urvertrauen, dass der Mensch nicht wahllos ins Leben geworfen ist, sondern dass Gott selber hinter jedem seiner Originale steht. Wie sehr wir ein solches gottgewolltes Original sind, spüren wir wahrscheinlich erst richtig, wenn wir mit ihm persönlichen Kontakt aufnehmen, wenn wir sagen können: „Herr, ich preise dich, dass du mich erschaffen hast."

Wenn eine solche Melodie mit mir durch den Tag und das Leben geht, können seltsame Dinge passieren. Das Lied könnte länger werden und viele neue Strophen bekommen, zum Beispiel: Herr, ich preise dich, dass du den Menschen erschaffen hast, den ich liebe, die Menschen, denen ich täglich begegne. Auch wenn ich gestehen muss, dass ich mir manche ein bisschen anders gewünscht hätte, preise ich dich, Herr.